히브리서 강해설교 1

히브리인들에게 보내는 예수님 이야기

| 이춘복 지음 |

쿰란출판사

히브리서 강해설교 1

히브리인들에게 보내는 예수님 이야기

머리말

목회자들에게 있어서 가장 부담이 되지만 피할 수 없는 것이 설교입니다. 설교를 준비하는 것도 결코 쉬운 사역이 아니지만 제 경우는 설교 후에 찾아오는 번민이나 회한 같은 것이 더 힘들었습니다. 설교 후에 마치 뭘 잘못 먹어서 속이 더부룩한 것처럼 마음과 영혼의 답답함을 느낄 때가 많았습니다. 반면에 어떤 때는 내 영혼의 평안함과 참된 기쁨을 누릴 때도 있었습니다. 실수가 없었고, 교인들의 반응이 그날따라 좋아서 그런 것은 분명히 아니었습니다.

이번에 원고를 정리하면서 무엇이 설교자인 저 자신을 이렇게 힘들게 하기도 하고, 또 기쁘게 하기도 하는지 제 설교사역에 대하여 스스로 깊이 성찰해 보았습니다.

돌이켜 생각해 보면 하나님께서 참 많은 설교의 기회를 주셨습니다. 군 복무 중에는 설교만 하는 군종병으로 인사명령을 받고 제대할 때까지 설교사역만 했고, 신학대학원을 졸업하고 난 후 7년 동안은 영락기도원에서 하루 두 차례씩 오직 집회만 인도하는 목사로서 훈련을 받았습니다. 이미 오랫동안 이런 훈련을 받았기 때문에 그 후에 담임목사로 사역을 할 때도 설교 중심의 목회를 자연스럽게 하게 되었습니다.

지난 약 30년간의 설교사역에 대한 분석을 통해서 제가 깨닫게 된 것은 이런저런 잡다한 철학이나 신학, 삶의 교훈이나 사람들의 이야기가 아니라 피 묻은 십자가의 복음을 전했을 때 내 영혼에 놀라운 평안과 기쁨이 임하는 것을 경험할 수 있었습니다. 기독교의 설교는 예수님의 구속사를 증거하는 것이고, 십자가의 복음이 바르게 선포될 때 예수의 영이신 성령님께서 역사하시고, 성령님이 역사하셔야 사람이 변하고 교회는 성장한다는 것을 깨닫게 되었습니다. 그래서 저는 성경의 많은 책들 가운데 특히 히브리서를 연구하고 설교하는 것을 좋아하게 되었습니다. 히브리서는 처음부터 끝까지 예수님 이야기만 나오기 때문입니다.

제가 히브리서 강해를 시작해서 주일마다 이 말씀을 설교하고 또 이렇게 출판까지 하면서 기대하는 것은 단 한 가지입니다. 이 책을 통해서 예수님의 이야기가 한국교회와 우리 모두의 가슴에 충만하게 되는 것입니다.

이 책을 출판하기 위해서 수고해 주신 쿰란출판사의 이형규 사장님과 직원들에게 감사를 드리고, 늘 제 곁에서 야당(?) 노릇 하면서도 제가 이 길을 끝까지 걸어갈 수 있도록 격려해 주며 저를 지켜준 제 아내 이진아와 호주에서 공부하고 일도 잘 하며 살고 있는 제 사랑하는 두 아들 희원이와 지원이에게 고마움을 전합니다. 그리고 부족한 종을 믿고 사랑해 주시고, 항상 기도해 주시며, 설교할 때마다 아멘과 웃음으로 격려해 주신 경기중앙교회 온 성도님들에게 감사를 드립니다.

2018년 3월

모락산 기슭에서

지극히 부족한 종 이춘복 목사

차례

히브리인들에게 보내는 편지

1. 히브리서의 정경화(正經化) 과정

지금은 성경책이 한 권으로 묶여 있기 때문에 갈등의 여지가 없지만, 주후 1세기부터 4세기에는 두루마리 성경이 낱권으로 돌아다녔습니다. 그것도 지금같이 인쇄술이 발달하지 않았을 때이니까 모두 손으로 베껴 쓴 복사본들입니다.

문제는 예수님이 직접 쓰신 성경은 하나도 없습니다. 예수님은 전혀 책을 쓰지 않으셨습니다. 간음한 여인이 잡혀왔을 때, 그때 예수님이 땅에 뭐라고 쓰셨다고 합니다. 소위 땅 위에 쓰신 글씨입니다. 그런데 거기에 뭐라 쓰셨는지 누구도 알 수 없고, 얼마 후 사람들이 밟고 다니고 바람이 불어서 그것마저 다 사라지고 말았습니다.

예수님이 승천하시면서 "내가 그동안 너희들에게 말한 것들을 너희가 잊어버릴까 봐 일기같이 써 두었다. 내가 없더라도 이 책을 읽어라" 하시면서 성경책을 주고 가셨으면 문제가 되지 않았을 텐데 전혀 그런 것 없이 그냥 승천하셨습니다.

당시 초대교회 성도들에게는 임박한 재림 사상이 있었습니다. 이제 곧 예수님이 다시 오실 거니까 책을 써야 할 필요가 있다고 처음에는 생각하지 않았습니다. 그런데 당초 사람들의 예상과는 달리 재림이 지연되기 시작했습니다. 예수님을 목격했던 사람들이 한 분씩 돌아가시니까 이렇게 한 세대만 더 흘러가면 예수님 이야기가 사람들의 기억 속에서 완전히 잊혀지게 될 것이라는 걱정이 들기 시작했습니다.

그래서 예수님과 같이 동행했던 제자들이 중심이 되어서 A.D. 65년~70년경에 제일 먼저 마가가 마가복음을 기록했고, 이어서 마태와 누가가 각각 복음서를 기록했다고 합니다. 요한복음은 이때부터 약 20년 후인 A.D. 90년경에 쓰여졌다고 합니다. 물론 단순히 그들의 순수한 작품이라고 할 수는 없고, 성령께서 영으로 감동하셔서 그들의 손을 통해서 하나님의 말씀이 쓰여진 것입니다.

그런데 불행하게도 사도들이 쓴 이 복음서의 오리지널 원본은 없어졌고, 남아 있는 것들은 다 복사본입니다. 사해 근처에 쿰란이라는 곳이 있는데, 이곳에 동굴들이 많습니다. 이 쿰란의 지하 동굴에서 성경을 복사하는 일을 주로 했다고 합니다.

그런데 당시 복사본이라는 것이 인쇄기에 넣고 한 번에 몇백 권씩 찍어낸 것이 아니고, 일일이 사람들이 다 손으로 옮겨 쓴 것이니까 아무리 조심해서 베껴 쓴다고 해도 복사본마다 조금씩 차이가 있을 수 있었습니다. 또 어떤 경우에는 원본을 보고 베껴 써야 하는데, 복사본을 보고 베껴 쓴 사람도 있었을 것입니다. 소위 복복사본입니다.

이렇게 복사하는 과정에서 원본과 조금씩 달라지는 일들이 발생했는데, 시간이 많이 흐른 후에는 분명히 두 사본이 다른데 무엇이 원본이고 무엇이 잘못된 것인지 확정하는 것이 결코 쉽지 않았습니다.

그리고 더 심각한 것은 지금같이 신구약 성경 66권이 하나로 묶여 다니는 것이 아니고 책들이 각각 두루마리로 돌아다니니까 어떤 책을 성경으로 받아들일 것이냐의 문제가 심각하게 대두되었습니다. 게다가 당시에 교회에 대한 로마의 핍박이 있었으므로 이렇다 할 신학자들이 있었던 것도 아니고, 있다 하더라도 한 자리에 모여서 이런 것을 공개적으로 논의할 수 있는 상황도 아니었습니다. 이러한 혼란 속에 거의 3세기가 흘러갔습니다.

A.D. 313년 콘스탄티노플 때 기독교가 공인되면서 지하에 있던 카타콤 교회가 지상으로 올라왔습니다. 이때 가장 먼저 다루어진 문제가 성경의 정경화 작업이었습니다.

정경화 작업을 하는 과정에서 가장 어려웠던 것은 크게 두 가지입니다. 첫째는 돌아다니는 그 많은 두루마리 책들 가운데 어떤 것들을 하나님의 말씀으로 받아들일 것인가의 문제입니다. 둘째는 사본마다 조금씩 다른 점이 있는데, 무엇이 오리진(Origin)인가를 결정하는 문제였습니다. 이런 것들이 정말 어려운 작업이었고, 그렇다고 피할 수도 더 이상 유보할 수도 없이 어떻게든 결정을 해야 할 문제였습니다.

정경화 과정에서 어떤 것을 성경으로 받아들이고, 또 어떤 것을 거부하는 데 있어서 객관적으로 가장 기준이 되는 것은 무엇이었겠습니까? 바로 누가 썼느냐 하는 저자 문제입니다. 서점에 가서 책을 살 때 반드시 확인하는 것이 저자의 학력이나 경력입니다. 저자를 신뢰할 수 없는데 그 책을 신뢰할 수 있겠습니까?

성경의 저자들 중에 가장 대표성 있는 사람들이 누구겠습니까? 예수님의 직제자였던 마태, 베드로, 요한 같은 사람, 또 초대교회에 잘 알려진 바울, 누가, 야고보 같은 사람들, 이런 사람들의 책은 분명히 그가 쓴 것이라는 사실만 확신할 수 있다면 의심없이 받아들일 수 있지 않겠습니까? 그러니까 정경화 과정에서 어떻게 보면 제일 중요한 것이 저자 문제입니다.

그런데 만일 누가 쓴 책인지, 저자 문제가 분명하지 않다면 그것을 정경으로 받아들이기 쉽겠습니까? 많은 사람이 읽고 은혜를 받았다고 해서 누가 쓴 것인지도 알 수 없는 책을 하나님의 말씀으로 인정할 수 있겠습니까?

설명이 길어졌는데, 히브리서가 바로 그런 책입니다. 저자가 누구인지 정확하게 알 수 없는 책이 히브리서입니다. 그래서 신약성경에서 가장 구설수에 많이 오른 책이고, 수없는 논란 끝에 거의 맨 마지막으로 정경으로 받아들여진 책이 히브리서입니다.

역사적으로 보면 AD. 393년 히포(Hippo) 회의, 397년, 419년 칼타고(Carthago) 회의를 거쳐서 정경에 포함시키기로 결정을 했습니다. 거의 대부분의 책들이 370년경에 큰 이의 없이 정경으로 받아들여진 것을 생각하면, 약 50년 후에 마지막 배를 탄 책이 히브리서입니다.

2. 히브리서의 저자 문제

히브리서의 저자를 정확하게 알 수 없다고 했는데, 전통적으로는 바울이 아람어로 쓴 것을 로마교회의 주교 클레멘트(Clement)가 헬라어로 번역했다고 했습니다. 그래서 신약성경의 목차를 보면 바울의 13편의 서신 바로 뒤에 히브리서를 배치했습니다. 그래서 바울의 서신이 13편이라고 하기도 하고 14편이라고 말하는 사람도 있습니다.

여러분이 잘 아시는 것처럼 바울의 다른 서신들은 "예수 그리스도의 종 된 나 사도 바울은~" 하는 식으로 시작했기 때문에 저자에 대한 문제가 거의 일어나지 않습니다. 히브리서가 바울이 쓴 것이라고 가정할 때, 그러면 왜 히브리서에서는 바울이 자신의 이름을 밝히지 않았느냐, 이런 질문이 일어날 수 있습니다.

바울은 유대교에서 기독교로 개종한 사람이었습니다. 그래서 히브리인들에게는 바울이 눈엣가시 같은 존재였습니다. 바울에 대한 이러한 편견을 가지고 있기 때문에 만일 바울이 이 편지 서두에 자기 이름을 밝히면, 히브리인들은 이 서신을 읽지도 않고 처음부터 어떤 편견을 갖게 될 것이기 때문에 전략적으로 바울이 자기 이름을 밝히지 않았다고 설명합니다.

그러면 왜 이방인의 사도인 바울이 히브리인들에게 편지를 썼을까요? 바울은 자신이 이방인을 위한 사도라는 것을 분명히 알고 있었지만, 자기 동족 유대인들에 대한 남다른 애정이 있었습니다. 그래서 어느 도시에 가든지 항상 유대교 회당에서부터 전도를 시작했고, 그들이 핍박하면 그 후에 이방인에게로 가서 복음을 전했습니다.

히브리서가 바울이 쓴 것이라고 생각하는 사람들은 바울이 히브리서를 쓰게 된 이유에 대하여 이렇게 설명합니다. 기독교가 유대교의 뿌리에서 나온 것이기 때문에 이 두 종교 사이의 연속성과 불연속성이 분명히 있는데, 그 차이에 대하여 가장 많이 고민한 사람, 가장 잘 알고 있는 사람, 그것 때문에 실제로 가장 많이 고난을 겪은 사람, 가장 분명하게 입장을 표명했어야 할 사람이 사도 바울임이 틀림이 없다는 것입니다. 이런 관점에서 볼 때 이 편지는 사도 바울 외에 다른 사림은 쓸 수 없다고 주장합니다.

이들의 주장을 들어보면 바울이 쓴 것 같은 생각이 들기도 합니다. 그런데 바울의 저작설에 대하여 가장 먼저 이의를 제기한 사람은 알렉산드리아의 대학자 오리겐(Origen 185-254)입니다. 오리겐은 히브리서가 신학사상으로만 이야기하면 바울의 것과 크게 다르지 않은데, 이 편지의 구조나 문체가 전혀 바울의 것이 아니라고 했습니다. 그래서 그는 이전에 바울이 쓴 것을 누가 번역한 것이 아니라 바울에게서 신학적 영향을 받은 그의 제자가 직접 쓴 책이라고 했습니다.

그러면 그 제자가 누구인가에 대해서도 설이 구구합니다. 어떤 사람은 아볼로라고 하고, 또 어떤 사람은 로마교회의 주교였던 클레멘트

(Clement), 사도행전과 누가복음을 쓴 누가, 바울과 동행했던 실라(Siluanus), 빌립, 바나바…, 이런 사람들일 것이라고 각각 주장했습니다.

종교개혁자들도 바울의 저작설을 부인했습니다. 루터(M. Luther)도 히브리서의 저자는 바울이 아닐 것이라고 했고, 칼뱅(Calvin)은 이 서신이 바울의 것이라고는 도저히 생각할 수 없다면서 구체적으로 몇 가지 증거들을 조목조목 제시했습니다.

1) 일반적으로 바울서신에는 문안인사와 수신인 그리고 저자인 자기 자신에 대한 소개가 반드시 있는데, 히브리서에는 이런 것들이 전혀 없다.

2) 히브리서는 헬라의 수사학자들처럼 운율이 있는 설교적 문체로 쓰여졌는데, 바울은 자기 자신이 고백한 것처럼 말에 익숙하지 않은 사람이기 때문에 이렇게 화려한 문체로 글을 쓸 수 없는 사람이다.

3) 히브리서에서는 예수님이 영원하시고도 참되신 대제사장이심을 강조하고 있는데, 이것은 바울 서신에서는 전혀 찾아볼 수 없는 것으로 내용면에 있어서도 바울의 것이 아니다.

4) 히브리서 2장 3절에 이 책을 쓴 저자가 히브리서를 쓰게 된 배경에 대한 설명을 하는데, "주의 말씀을 들은 사람들이 우리에게 확증해 준 것을 전해 듣고 이 서신을 기록했다"라고 했다. 주의 말씀을 들은 사람들은 구체적으로 사도들을 말하는데, 그렇다면 사도들에게서 전해들은 것을 기반으로 히브리서를 기록했다는 말인데, 사도 바울은 갈라디아서 1장 12절에서 "나는 사람에게 받은 것도 아니요,

누구에게 배운 것도 아니요, 오직 예수 그리스도의 계시로 말미암았다"라고 했다. 그러니 이 서신은 적어도 바울의 것이 아니다.

5) 바울은 디모데를 아들이라고 불렀는데, 히브리서 13장 23절에 디모데가 석방된 기사를 쓰면서 히브리서의 기자는 그를 형제라고 불렀다.

칼뱅은 이런 이유들을 조목조목 열거하면서 바울의 저작설을 강력하게 부인했습니다. 결론적으로 히브리서의 저자를 확정하기는 결코 쉽지 않습니다. 그런데 이 사실을 역으로 한번 생각해 보면 저자에 대한 분명한 확신도 없는데, 이것을 성경으로 결국 받아들이게 된 이유가 무엇이겠습니까? 첫째, 그만큼 많은 사람들에게 감동을 주었고, 둘째, 기독교의 진리를 정확하게 담고 있고, 셋째, 무엇보다 성령님께서 정경화 과정에서 이 책을 그만큼 아끼셨나는 증서가 아니겠습니까?

3. 수신자

1) 유대계 그리스도인들

바울 같은 경우도 바로 이 부류에 속한 사람입니다. 혈통적으로 히브리인이기 때문에 조상 대대로 유대교 문화 속에서 살았습니다. 그들은 하나님을 전혀 알지 못했던 이방인과는 다른 상황에 있던 사람들입니다. 그들은 하나님을 인정했고, 누가 뭐라고 해도 나름대로 하나님을 잘 섬겨왔다고 자부했던 사람들입니다. 우리가 불교나 유교 문화권 위에 기독교를 받아들인 것처럼, 이 사람들은 유대교 문화권 위에 기독교를 받아들인 사람들입니다.

불교에서 부처님을 아주 잘 섬기던 사람이 전도를 받고 예수를 믿게 되었습니다. 어느 날 목사님이 교회에 가 보니까 이분이 십자가 밑에서 계속해서 절을 하고 있었습니다. 불교에서 부처님 상에 일천배를 드리는 것처럼 그렇게 하고 있었습니다. 물론 잘못된 것이지만 이 사람은 자기 나름대로는 예수님을 잘 섬긴다고 그렇게 하고 있는 것 아니겠습니까?

기독교로 개종한 유대인들에게도 이런 유사한 문제들이 있었을 것입니다. 사실 불교와 우리 기독교는 유사점이 많지 않은데도 이렇게 혼란스러운데, 기독교는 유대교에서 나온 것이고, 같은 하나님을 섬기고, 구약 성경을 그대로 하나님의 말씀으로 받아들이고 있기 때문에 더욱 많은 혼란이 있었을 것입니다.

① 도대체 유대교와 기독교 그 차이가 무엇인가?
② 그동안 우리가 드려왔던 제사는 어떻게 해야 하는가?
③ 할례는 여전히 받아야 하는가?
④ 율법과 조상들의 구전을 지켜야 하는가?

이와 같은 수많은 질문들이 있었을 것입니다.

사도행전 21장 17-26절에 사도 바울이 3차 전도여행을 마치고 예루살렘에 돌아와서 선교보고를 했습니다. 이방인들에게도 같은 성령이 임하셨고, 하나님께서 그들 가운데 베푸신 놀라운 은혜를 증거했습니다. 이 이야기를 야고보가 듣고 걱정이 생겼습니다. 예루살렘에는 유대인들이 수만 명이나 있는데, 다 율법에 열심 있는 자들입니다(행 21:20). 지금 여기에 있는 수만 명이나 되는 유대인들은 바울이 이방인들에게 복음을 전하면서, 율법을 지키거나 할례를 받을 필요가 없다고 가르치고 있다고 해서 그들이 지금 심히 분노하고 있고, 만일 바울이 왔다는 것을 알게 되면 그들이 가만히 있을 것 같지 않았습니다. 그래서 야고보가 아이디어를 냈습니다.

여기 예루살렘에 서원한 사람 네 명이 있는데, 이 사람들을 데려다가 바울이 머리를 깎게 하고 결례를 행하면, 다르게 말하면 유대인의 율법을 지키게 하면, 사람들이 이 소식을 듣고 우리가 들었던 바울에 대한 소문이 오해였다는 것을 알고 바울을 받아들이게 될 것이라고 하면서 바울에게 이 사람들을 데려다가 결례를 행하라고 했습니다. 바울이 야고보의 제의를 받아들여 이 사람들을 데려다가 그 이튿날 결례를 행했다고 합니다(행 21:26). 이 사건은 유대교와 기독교 사이에 적잖은 혼란과 갈등이 있었다는 것을 단적으로 보여주는 사건이라 할 수 있습니다.

유대계 그리스도인들은 예수님의 복음을 받아들이고 기독교인이 되었다고 하지만 아직 유대교적인 사고방식에서 완전히 벗어나지 못해서 많은 오해와 갈등이 있었습니다. 그래서 유대교와 기독교가 어떤 관계인지를 명백하게 규명하는 것이 당시의 유대계 그리스도인들에게는 절대적으로 필요했습니다.

유대교와 기독교의 그 분명한 차이, 율법과 복음의 차이를 깨닫지 못하고 신앙의 경계선(Border line)에서 혼란에 빠져 있었던 사람들이 많이 있었습니다. 이런 사람들이 이 편지의 1차적인 수신자였습니다. 그래서 히브리인들에게 보내는 편지라는 타이틀이 붙여진 것입니다.

2) 신앙생활을 시작한 지 오래되었는데 신앙이 온전히 성장하지 못한 사람들

히브리서 5장 12절에, "때가 오래되었으므로 너희가 마땅히 선생이 되었을 터인데 너희가 다시 하나님의 말씀의 초보에 대하여 누구에게서 가르침을 받아야 할 처지이니 단단한 음식은 못 먹고 젖이나 먹어야 할 자가 되었도다"라고 했습니다. 이 말씀은 신앙생활을 시작한 지 오래되었기 때문에 시간으로 생각해 보면 이미 선생이 되어 있어야 할 때 젖이나 먹고 단단한 식물을 먹지 못하는 여전히 어린아이와 같다는 말입니다. 히브리서 5장 11절에서는 "너희가 듣는 것이 둔하므로 설명하기기 어려우니라"라고 했는데, 이 말은 너희가 기본적으로 성경 지식이 짧기 때문에 무슨 말을 해도 말귀를 잘 알아듣지 못한다는 뜻입니다.

신앙생활을 시작했다면 당연히 믿음 안에서 온전히 자라야 하는데, 어린아이의 일을 계속하고 있는 사람들을 위해 이 편지가 쓰여졌습니다.

여러분은 신앙생활을 시작한 지 몇 년이 되었습니까? 보통 대학은 4년, 대학원은 2년, 박사과정 3~5년까지 다 합치면 약 10년입니다. 신앙생활을 시작한 지 10년차 이상 된 분들은 다 성경박사가 되었어야 하는데 정말 성경에 대하여 잘 알게 되었습니까? 이번 히브리서 강해를 통해서 믿음의 진보가 일어나게 되기를 바랍니다.

3) 복음 때문에 핍박을 받았던 성도들

전에 우리가 불교나 유교에서 기독교로 개종할 때 "너는 애비도 조상도 없는 놈이냐? 서양 귀신 믿으려면, 당장 이 집에서 나가라! 나는 너 같은 아들 둔 적이 없다"라는 소리를 듣고 많은 박해를 당했습니다. 마찬가지로 유대교에서 기독교로 개종하는 과정에서 핍박을 당하고 있는 사람들과, 또 극심한 핍박 때문에 신앙이 흔들리고 있는 사람들을 위해서 이 책이 쓰여졌습니다.

원래는 유대교 학자였는데, 기독교로 개종한 아돌프 사피어(Adolf Saphir)라는 박사가 있습니다. 꼭 사도 바울 같은 사람이죠. 이 아돌프 사피어 박사가 히브리파 기독교인들이 받았던 핍박에 대하여 소개했습니다.

"대제사장 아나니아 때에 그리스도를 믿는 히브리인들은 율법을 범하는 범법자라고 지목되어 핍박을 받았고, 그들 가운데 많은 사람이 스데반처럼 돌에 맞아 죽었다. 기독교인들은 물건을 빼앗기는 것은 늘 당하는 일이었고, 기독교인들을 성전에서 추방했다. 그들을 배도한 사람으로 취급했다. 예수 믿는 것을 포기하지 않는 한 성전에 들어가는 것이 결코 허용되지 않았다"라고 했습니다.

이러한 핍박 가운데 신앙생활을 하고 있는 사람들을 위해서 이 책이 쓰여졌습니다. 그래서 이 책을 읽게 되면 핍박을 이겨낼 수 있는 놀라운 능력을 갖게 되고, 하늘의 큰 소망을 갖게 될 것입니다.

4. 기록 목적

히브리서의 총 주제는 유대교에 비하여 기독교가 지극히 탁월하다는 것을 논증하고 있습니다. 유대교에서 가장 중요하게 여겼던 것은 제사와 제사를 집전했던 제사장인데, 예수님은 영원하시고도 참되신 대제사장이심을 증거하고 있습니다. 이것을 증거하기 위해서 예수님이 구약의 모든 사람들보다 뛰어나심을 증거하고 있는데, 천사보다 뛰어나신 분(히 1:4-2: 18), 모세보다 뛰어나신 분(히 3:1-19), 여호수아보다 뛰어나신 분(히 4:1-13), 제사장 아론보다 뛰어나신 분(히 5:14-7:18), 유대교의 의식보다 뛰어나신 분(히 7:19-39)이라고 하였습니다.

히브리서 11장 믿음장에는 구약성경의 대표적인 사람들, 아벨, 에녹, 노아, 아브라함, 이삭, 야곱, 요셉, 모세, 라합, 기드온, 바락, 삼손, 입다, 다윗, 사무엘 등과 같은, 유대인들이 그렇게 존경했던 구약성경의 위대한 인물들보다 예수님이 뛰어나신 분이라는 것을 증거하고 있습니다.

히브리서에 반복되어 나오는 관용구로, 더 좋은 언약의 보증(히 7:22), 더 아름다운 직분, 더 좋은 약속, 더 좋은 언약(히 8:6), 더 좋은 제물(히 9:23), 더 낫고 영구한 소유(히 10:34), 더 나은 본향(히 11:16), 더 좋은 부활(히 11:35), 더 좋은 것(히 11:40), 이러한 독특한 표현이 많이 나옵니다. 그러면 무엇보다 더 낫다는 말입니까? 유대교보다 더 좋다는 말입니다.

유대인들은 성전과 제사를 중심으로 신앙생활을 했습니다. 그런데 실제로 성전제사와 제물이 그림자였다면 본체는 예수 그리스도이시고, 예수님이 영원하시고도 참되신 대제사장이심을 보여주는 책이 히브리서입니다.

저는 사람들이 유대교와 기독교의 차이를 제대로 구분하지 못하고 있는 것을 예민하게 느끼고 고민하는 목사 중의 하나입니다. 제가 출판한 《예수님의 이야기로 가득한 교회》(쿰란출판사)도 그런 고민과 연구 끝에 나온 책입니다. 그런 의미에서 히브리서는 저에게 오래전부터 강해하고 싶었던 책 중의 하나입니다.

앞으로 우리는 히브리서를 통해서 "기독교의 진리가 무엇인가? 무엇이 율법이고, 무엇이 은혜인가? 무엇이 더 온전한 것인가? 무엇이 영원한 것이고 무엇이 지나가는 것인가? 무엇이 그림자이고 무엇이 본체인가? 무엇이 참 믿음이고, 믿음으로 사는 것이 진정 무엇인가?"를 깨닫게 될 것입니다.

히브리서를 통해서 여러분의 삶 속에 예수님의 이야기가 더욱 가득하게 되기를 바랍니다. 예수님의 이야기가 가득한 곳에 성령님이 임하시고, 성령님이 임하셔야 사람이 변하고 교회는 성장합니다. 성령님이 인도하시는 히브리서 강해를 통해서 이러한 놀라운 역사가 나타나게 되기를 소망합니다.

옛적에 그리고 마지막 날에

옛적에 선지자들을 통하여 여러 부분과 여러 모양으로 우리 조상들에게 말씀하신 하나님이 이 모든 날 마지막에는 아들을 통하여 우리에게 말씀하셨으니 이 아들을 만유의 상속자로 세우시고 또 그로 말미암아 모든 세계를 지으셨느니라 이는 하나님의 영광의 광채시요 그 본체의 형상이시라 그의 능력의 말씀으로 만물을 붙드시며 죄를 정결하게 하는 일을 하시고 높은 곳에 계신 지극히 크신 이의 우편에 앉으셨느니라 (히 1:1–3)

예수님께서 베드로와 야고보, 그 형제 요한을 데리고 변화산에 오르셨을 때, 예수님의 얼굴이 해같이 빛났고, 옷이 빛같이 희어졌다고 했습니다. 이때 누가 나타났습니까? 모세와 엘리야가 나타나서 예수님과 더불어 이야기하였다고 합니다. 모세는 이스라엘의 최고의 지도자요, 율법을 대표하는 사람입니다. 그리고 엘리야는 구약의 선지자들을 대표하는 사람입니다. 결국 이 두 사람은 구약의 유대교를 대표하는 인물이라 할 수 있습니다.

이 극적인 순간에 베드로가 가만히 있을 인물이 아니죠? 그 광경이 하도 좋으니까 그 자리에서 즉석으로 예수님께 제안을 했습니다.

"주여, 우리가 여기 있는 것이 좋사오니, 주께서 원하시면 내가 여기서 초막 셋을 짓되 하나는 주님을 위하여, 하나는 모세를 위하여, 하나는 엘리야를 위하여 하리이다."

그런데 이때 갑자기 빛난 구름이 저희를 덮었다고 하였습니다. 구름은 하나님의 임재를 상징하는데, 이 구름 속에서 하나님의 음성이 들려왔습니다.

"이는 내 사랑하는 아들이요 내 기뻐하는 자니 너희는 그의 말을 들으라."

그리고 그 후에 어떻게 되었습니까? 그다음이 이 변화산 사건에서 가장 중요한 의미를 지니는데, 어떻게 되었습니까?

> "제자들이 눈을 들고 보매 오직 예수 외에는 아무도 보이지 아니하더라"(마 17:8).

모세와 엘리야는 온데간데없이 사라졌고 오직 예수님만 남았습니다. 이것이 무엇을 의미한다고 생각하십니까?

제가 어렸을 때 가장 재미있었던 스포츠는 프로 레슬링이었습니다. 프로 레슬링은 순수한 스포츠라기보다는 서로 짜고 하는 것이라는 말도 있는데, 어쨌든 온 국민이 이목을 집중하고 숨을 죽이며 구경했습니다. 그중에서도 박치기 왕 김일 선수 대 안토니오 이노끼의 한일전이 특별히 재미있었습니다. 언제나 똑같은 레퍼토리이지만 처음에는 김일 선수가 선제 공격을 당해서 피를 흘리며 거의 죽어 가다가 결정적인 순간에 박치기 한 방에 거구 안토니오 이노끼가 꽈당 하면서 무너지면, 우리는 일본을 전쟁에서 이긴 것 같은 가슴 터질 듯한 기쁨을 맛보았습니다. 누구는 이것이 당시 독재자들이 국민의 관심을 스포츠로 돌리고, 일본에게 압제를 당했던 우리 민족의 한을 카타르시스 하기 위한 정치적인 게임이었다고 말하기도 합니다.

그런데 어쨌든 이런 빅게임이 시작되기 전에는 언제나 오픈 게임이라는 것이 있었습니다. 별로 유명하지 않은 국내선수들이 나와서 게임을 하는데, 화면에는 분명히 오픈 게임을 하고 있는 선수들이 나오고 있지만, 아나운서와 해설위원은 그들에 대해서는 전혀 관심이 없고, 본 게임에 대한 해설과 다양한 전략, 여러 가지 변수와 승패에 대한 예측을 얘기했습니다. 솔직히 오픈 게임은 일찍부터 온 사람들을 위해 시간을 때우고, 장내를 정리하고 분위기를 고조하기 하기 위해서 하는 것 이상 사실상 아무것도 아닙니다. 본 게임이 시작되면 이 선수들은 소리 없이 사라지고 누구도 그들의 게임에 대하여 기억하거나 말하는 사람이 없습니다.

구약시대에는 모세와 엘리야가 가장 대표적인 인물이었고 하나님이 귀하게 들어 쓰셨던 사람이지만, 만일 예수님을 김일 선수에 비유한다면 모세나 엘리야는 오픈 게임에 잠시 참여한 선수 이상 아무것도 아닙니다. 참 영광의 본체이신 예수님이 역사의 중심무대에 우뚝 서니까 그들은 흔적도 없이 사라졌고, 오직 주 예수님만 홀로 남았습니다. 그래서 "오직 예수 외에는 아무도 보이지 아니하더라"(마 17:8)

는 말씀이 이 변화산 기사에서 가장 중요한 신학적 의미를 지닌다고 말씀드린 것입니다.

오늘 본문은 시간적으로 말하면 옛적과 마지막 날을 대비하고 있는데, 옛적은 분명히 모세와 엘리야가 활동하던 구약시대를 말하는 것이고, 마지막 날은 예수님이 성육신하신 이후를 말합니다. 구약시대에 하나님은 분명히 선지자들을 통해서 말씀하셨습니다. 본문 1절에서 "하나님은 선지자들을 통해서 여러 부분과 여러 모양으로 우리 조상들에게 말씀하셨다"라고 합니다. 여러 부분(πολυμερ)은 '여러 시대' 혹은 '오랜 기간'이란 뜻으로 모세로부터 말라기까지의 구약시대를 말하고, 여러 모양(πολυτρπω)은 하나님께서 선지자들에게 말씀하신 다양한 방법들을 말합니다.

구약시대에 하나님께서 선지자들에게 구체적으로 어떤 방법으로 말씀하셨습니까? 어떤 때는 모세에게 그랬듯이 직접 말씀하시기도 하였고, 어떤 때는 꿈이나 환상을 통해서, 제사의식을 통해서, 모형과 상징을 통해서, 제사장의 우림과 둠밈으로, 요나 선지자 때에는 제비뽑기로, 어떤 때는 표적을 통해서, 심지어는 짐승의 입을 열어서 말씀하시기도 했습니다(민 22장).

옛적에 하나님은 한 가지 방식에 국한하지 않고 다양하게 여러 가지 방식으로 그때그때마다 선지자들을 통하여 말씀하셨습니다. 이렇게 여러 선지자를 통해서 다양한 방법으로 말씀하신 이유는 어떻게 해서든지 이스라엘 백성들이 하나님의 뜻을 깨닫게 하기 위한 하나님의 몸부림이라 할 수 있습니다.

그러나 그것은 전체적으로 보면 부분적인 파편에 불과했습니다. 하나님께서 이스라엘에게 말씀하신 것은 분명한 사실이지만, 그러나 하나님께서 마음에 있는 모든 것을 이스라엘 사람들에게 다 전하신 것은 아닙니다. 이런 의미에서 선지자들의 메시지는 완전한 빛이라기보다는 한 줄기 광선에 불과하다고 할 수 있습니다.

반면에 예수님은 하나님의 뜻을 완전하게 다 계시하셨습니다.

> "이제부터는 너희를 종이라 하지 아니하리니 종은 주인이 하는 것을 알지 못함이라 너희를 친구라 하였노니 내가 내 아버지께 들은 것을 다 너희에게 알게 하였음이라"(요 15:15).

부분적인 것이 아닙니다. 파편적인 것이 아닙니다. 예수님은 하나님의 완전한 계시자입니다.

> "보혜사 곧 아버지께서 내 이름으로 보내실 성령 그가 너희에게 모든 것을 가르치고 내가 너희에게 말한 모든 것을 생각나게 하리라"(요 14:26).

성령님은 하나님의 모든 말씀을 가르치시고, 생각나게 하시는 분이라고 했습니다. 예수님과 사마리아 여인의 대화 중에, "메시아 곧 그리스도라 하는 이가 오실 줄을 내가 아노니 그가 오시면 모든 것을 우리에게 알려 주시리이다"(요 4:25)라고 하면서 사마리아 여인도 예수님은 우리에게 모든 것을 알려주시는 분이라고 했습니다.

구약의 선지자들도 하나님이 쓰시던 사람들이었지만, 그들은 오픈 게임 선수에 불과하였고, 예수님은 하나님의 모든 것을 말씀하시는 완전한 계시자입니다. 이런 의미에서 예수님과 구약의 선지자들은 완전히 그 차원이 다릅니다.

“암! 당연하지. 예수님을 구약의 선지자에게 비하겠어?”라고 여러분은 당연하게 생각하지만, 히브리서 수신자들이었던 유대인들은 예수님을 선지자 중의 한 사람쯤으로 생각했습니다. 그 흔적이 어디 있습니까? 예수님이 제자들에게 물었습니다.

“사람들이 인자를 누구라 하더냐?”

“어떤 이는 세례 요한, 어떤 이는 엘리야, 어떤 이는 예레미야나 선지자 중의 한 사람이라고 하더이다.”

당시 유대인들이 예수님을 이런 선지자 중의 한 사람이라고 생각하고 있었습니다.

“사람들은 그렇다고 하더라도 그러면 너희들은 나를 누구라 하느냐?”

이때 베드로가 “주는 그리스도시요 살아 계신 하나님의 아들이시니이다”라고 고백했고, 예수님은 베드로의 이 신앙고백 위에 내 교회를 세우겠다고 하셨습니다.

예수님은 그 무수한 선지자 중의 한 사람이 절대로 아닙니다. 공자, 석가모니, 소크라테스와 함께 4대 성인 중의 한 사람도 아닙니다. 한 시대를 떠들썩하게 했던 사회 혁명가도 아니고, 그분은 메시아입니다.

아더 핑크라는 사람이 《히브리서 강해》에서 유대교와 기독교를 대비적으로 잘 설명해 주었습니다.

	유 대 교	기 독 교
시대	옛적에(구약시대)	마지막 날에(신약시대)
사용하신 사람	여러 선지자들	하나님의 아들 예수님
말씀의 전달방식	부분적(파편적)	완전한 계시
하나님에 대한 묘사	하나님은 빛이시다	하나님은 사랑이시다

요한일서를 보면 하나님에 대한 두 가지 은유를 사용했습니다. 첫째는 '하나님은 빛이시다'(요일 1:5), 또 하나는 '하나님은 사랑이시다'(요일 4:16)입니다. 그런데 이 두 가지는 유대교와 기독교의 차이를 설명하고 있습니다.

구약성경: 하나님은 빛이시다.

① 창세기 1장 3절에 "빛이 있으라 하시매 빛이 있었고"라고 하였습니다. 천지 창조는 빛을 창조하심으로부터 시작되었습니다.

② 출애굽기 3장에서 모세를 부르실 때도 떨기나무 불꽃 가운데서 임재하셨습니다.

③ 모세가 시내산에서 40일 동안 십계명을 받고, 내려올 때 그 얼굴에서 광채가 났다고 합니다. 그래서 수건으로 자기 얼굴을 가렸다고 합니다. 그런데 왜 모세의 얼굴에서 광채가 났습니까? 빛 되신 하나님을 뵈었기 때문입니다.

④ 에스겔이 환상 가운데 하나님의 보좌를 보았을 때도 하나님은 영광의 광채 가운데 계셨다고 합니다(겔 1장).

구약의 하나님은 분명히 빛이십니다. 이 빛은 모든 생명의 근원이기도 하지만, 그 밝은 빛 앞에 서게 되면 모든 것이 밝히 드러나게 되어 있습니다. 선악간 행한 모든 것이 다 드러납니다. 그래서 구약의 하나님은 공의의 하나님이시요, 심판의 하나님이십니다.

신약성경: 하나님은 사랑이시다.

마가복음 12장에 포도원 농부의 비유가 나옵니다. 어떤 사람이 타국에 가기 위해서 자기 포도원을 농부들에게 세(稅)로 주고 떠났습니다. 때가 이르러 세를 받기 위해서 자기 종을 보냈는데, 악한 농부들이 세를 주기는 고사하고 이 종을 잡아 심히 때리고 빈손으로 돌려보냈습니다. 그래서 주인이 어떻게 합니까? 다시 다른 종을 보냈더니 이번에도 머리를 심하게 때리고, 능욕하여 돌려보냈습니다. 이쯤 이야기하면 여기 이 종들이 누구를 상징하는지 이제 아실 것입니다. 구약의 선지자들입니다.

주인이 마지막에는 누구를 보냅니까? 자기 아들을 보냅니다. 아들을 보내니까 이 악한 종들이 “이는 상속자니 죽이자. 그러면 그 유업이 우리 것이 되리라” 하고 잡아 죽여 포도원 밖에 던져버렸다고 했습니다. 이 아들은 누구입니까? 예수님입니다.

그러면 한번 생각해 보십시오. 두 번씩이나 종들을 보냈는데 능멸했던 이 악한 종들이 아들을 보낸다고 아들은 공경할 것 같습니까? 한두 번 하는 짓을 보면 알았어야지, 아들을 보낸다고 해서 달라질 사람들이었다면 그런 짓을 했겠습니까? 그런데 왜 주인은 이런 악한 농부들에게 아들을 보냈습니까? 솔직하게 말하면 '가서 죽으라'고 보낸 것입니다. 아들이 가면 악한 농부들의 손에 자기 아들이 죽는다는 것을 다 알면서 주인은 아들을 보냈습니다.

예수님은 당신이 포도원, 즉 세상에 보내심을 받은 그 분명한 이유를 정확하게 알고 계셨습니다.

> "인자가 온 것은 섬김을 받으려 함이 아니라 도리어 섬기려 하고 자기 목숨을 많은 사람의 대속물로 주려 함이니라"(막 10:45).

예수님은 빛으로 세상을 심판하기 위해 오신 분이 아니라 죽으러 오셨습니다. 죄와 허물을 용서하기 위해서 도살장으로 끌려가는 어린양과 같이 그들의 손에 죽으셨습니다. 이것이 기독교에서 말하는 하나님의 사랑입니다. 유대교는 하나님이 빛이라고 선언하고 있지만, 기독교는 하나님은 사랑이시라고 선언하고 있습니다.

오늘 본문은 구약의 선지자들과는 도저히 비교할 수 없는 예수님의 놀라운 특권들에 대하여 말하고 있습니다.

1. 상속권

본문 2절에 만유의 상속자로 세우셨다고 했는데, 상속자는 아버지의 모든 것을 이어받는 후계자입니다. 하나님의 모든 것이 아들 예수님의 것입니다. 구약의 선지자는 하나님이 그 시대에 잠깐 사용하신 종들이었다면, 예수님은 하나님의 아들이요, 아들이기 때문에 하나님의 모든 것을 유업으로 받을 상속자입니다.

그런데 주님께서 받으신 그 상속권을 오늘 우리에게도 주셨습니다.

> "성령이 친히 우리의 영과 더불어 우리가 하나님의 자녀인 것을 증언하시나니 자녀이면 또한 상속자 곧 하나님의 상속자요 그리스도와 함께 한 상속자니"(롬 8:16-17상).
>
> "그러므로 네가 이후로는 종이 아니요 아들이니 아들이면 하나님으로 말미암아 유업을 받을 자니라"(갈 4:7).

예수님을 믿는 믿음 안에서 우리는 하나님의 자녀가 되었고, 하나님 나라를 유업으로 받은 상속자가 되었습니다.

2. 영광의 광채

알렉산드리아의 주교 아타나시우스가 삼위일체를 설명하면서 성부 하나님과 성자 예수님을 샘물과 시냇물로 비유했습니다. 샘에서 물이 솟아 나와서 그것이 나중에는 시냇물이 되어 흐릅니다. 샘물은 솟아나는 물이니까 물의 근원입니다. 모든 것의 근원이신 하나님이 샘물이라면, 반면에 시냇물은 본질은 똑같은 물이지만 흐르는 물입니다. 시냇물이 흘러가는 곳마다 실제로 생명의 역사들이 나타납니다. 시냇물과 같이 실제로 만물이 소생함을 입는 생명의 역사가 나타나는 것은 예수님을 통해서 나타나게 됩니다.

본문에서는 아버지와 아들을 영광과 그 광채로 설명하고 있습니다. 태양과 거기서 나오는 광채를 생각해 보십시오. 샘물과 시냇물과 거의 비슷한 개념입니다. 태양이 계속 존재하는 한 그 광채도 계속됩니다. 광채는 태양으로부터 떼어 놓고 말할 수 없습니다. 광채가 태양으로부터 나온다고 하지만 그렇다고 광채가 태양 자체는 아닙니다. 태양과 광채는 분명히 구별됩니다. 샘물과 시냇물이 같은 물이지만 구별되듯이 말입니다. 태양이 세상에 주는 생명은 이 광채를 통해서입니다. 우리는 태양을 만질 수도 느낄 수도 볼 수도 없지만 광채를 통해서 태양의 모든 것을 알고 그 혜택을 누리게 됩니다.

마찬가지로 우리는 예수님을 통해서 하나님을 알 수 있게 되고, 하나님의 모든 은혜를 예수님을 통해서 누리게 됩니다. 예수님을 떠나서는 하나님을 알 수도 누릴 수도 없게 됩니다. 이런 의미에서 예수님은 영광의 광채입니다.

3. 본체의 형상

본문 3절에서 아버지와 아들을 본체와 그 형상으로 비유했습니다. 석고상을 어떻게 만듭니까? 원본을 놓고 그 위에 진흙으로 덧바르고, 진흙이 마른 후에 원본을 빼냅니다. 그리고 원본이 있던 자리에 석고를 부어넣고 이번에는 진흙을 떼어내면 원본이 그대로 복사가 됩니다. 이것을 형상이라고 합니다. 그러니까 본체와 그 형상은 결국은 똑같습니다. 골로새서 1장 15절에 "그는 보이지 아니하시는 하나님의 형상이다"라고 했는데, 하나님이 본체시라면 예수님은 그 형상입니다.

한번은 빌립이 예수님께 "아버지를 우리에게 보여 주십시오"라고 했습니다. 이때 예수님이 "빌립아 내가 이렇게 오래 너희와 함께 있으되 네가 나를 아직도 알지 못하느냐? 나를 본 자는 아버지를 보았거늘 어찌하여 아버지를 보이라 하느냐?"(요 14:9)라고 하셨습니다.

어떻게 보면 다른 종교도 다 신을 믿습니다. 그렇다고 종교다원주의자들이 말하는 것처럼 거기에도 구원이 있다는 말은 분명히 아닙니다. 유대교도 물론 야훼라는 신을 믿고, 이슬람도 신을 믿습니다. 그들은 신을 알라라고 부릅니다. 우리 민족의 종교라는 천도교도 천(天), 즉 하늘을 신으로 섬기는 종교입니다. 우리는 하늘을 신으로 섬기는 민족이기 때문에 신을 어떻게 호칭합니까? 하늘님 → 하느님 → 하나님이 된 것입니다. 호칭이 조금씩 다를 뿐이지 사실은 신을 인정하고 섬기는 것은 같습니다.

그러면 우리 기독교와 다른 종교의 차이가 무엇입니까? 우리는 하나님을 믿지만 예수님을 통해 하나님을 알고 경험하며 하나님의 모든 은혜를 받는 종교입니다. 그러니까 기독교에서 예수님이 빠져버리면 더 이상 기독교가 아닙니다. 기독(基督)이라는 말은 그리스도를 한문으로 음역한 것입니다. 우리는 하나님교가 아니라 기독교이고 예수교입니다. 우리는 반드시 예수님을 통해서만 하나님을 알 수 있고, 경험할 수 있습니다. 왜냐하면 예수님은 하나님의 형상이기 때문입니다.

4. 속죄권

3절 하반절에 "…정결하게 하는 일을 하시고 높은 곳에 계신 지극히 크신 이의 우편에 앉으셨느니라"라고 했습니다. 이 말씀의 의미가 무엇이겠습니까? 예수님이 우리의 죄를 정결케 하는 사역을 다 마치시고 하나님의 보좌 우편에 앉아 계신다는 뜻입니다.

예수님이 왜 이 세상에 오셨습니까? 당신의 몸을 속죄 제물로 내어 주시고 우리의 죄를 속하기 위하여 오셨습니다. 그래서 십자가를 통해서 우리 죄를 대속하셨고, 지금은 하나님 보좌 우편에 앉아 계십니다.

예수님은 속죄권을 가지신 분입니다. 그래서 예수님을 믿으면 누구나 구원을 받습니다. 심지어 예수님과 함께 십자가에 달렸던 왼편 강도도 그 마지막 순간에 예수님을 영접하고 속죄함을 받았습니다. 예수님이 가지신 여러 가지 특권 중에 우리에게 가장 중요한 것은 속죄권입니다. 누구라도 예수님의 피 공로를 의지하면 용서함을 받고 하나님의 자녀가 되어 낙원에 이르게 됩니다.

예수님은 구약의 선지자들과는 비교할 수 없이 뛰어나신 분입니다. 그분은 하나님의 상속자요, 영광의 광채요, 본체의 형상이며, 우리를 억만 죄 가운데 구원하실 분이요, 지금도 하나님 보좌 우편에 앉아 계신 분입니다. 우리는 예수 그리스도 안에서 하나님의 자녀가 되었고, 동시에 예수님이 가지고 계시던 이 놀라운 특권들을 같이 공유하게 되었습니다. 이 얼마나 놀라운 은혜입니까? 이 놀라운 은혜가 이미 우리에게 주어져 있습니다. 그 풍성한 은혜를 누리며 사시기를 바랍니다.

천사보다 훨씬 뛰어나신 예수님

그가 천사보다 훨씬 뛰어남은 그들보다 더욱 아름다운 이름을 기업으로 얻으심이니 하나님께서 어느 때에 천사 중 누구에게 너는 내 아들이라 오늘 내가 너를 낳았다 하셨으며 또다시 나는 그에게 아버지가 되고 그는 내게 아들이 되리라 하셨느냐 또 그가 맏아들을 이끌어 세상에 다시 들어오게 하실 때에 하나님의 모든 천사들은 그에게 경배할지어다 말씀하시며 또 천사들에 관하여는 그는 그의 천사들을 바람으로, 그의 사역자들을 불꽃으로 삼으시느니라 하셨으되 아들에 관하여는 하나님이여 주의 보좌는 영영하며 주의 나라의 규는 공평한 규이니이다 주께서 의를 사랑하시고 불법을 미워하셨으니 그러므로 하나님 곧 주의 하나님이 즐거움의 기름을 주께 부어 주를 동류들보다 뛰어나게 하셨도다 하였고 또 주여 태초에 주께서 땅의 기초를 두셨으며 하늘도 주의 손으로 지으신 바라 그것들은 멸망할 것이나 오직 주는 영존할 것이요 그것들은 다 옷과 같이 낡아지리니 의복처럼 갈아입을 것이요 그것들은 옷과 같이 변할 것이나 주는 여전하여 연대가 다함이 없으리라 하였으나 어느 때에 천사 중 누구에게 내가 네 원수로 네 발등상이 되게 하기까지 너는 내 우편에 앉아 있으라 하셨느냐 모든 천사들은 섬기는 영으로서 구원 받을 상속자들을 위하여 섬기라고 보내심이 아니냐 (히 1:4-14)

우리 개혁교회는 전혀 이런 것도 없고 인정하지도 않지만, 로마 가톨릭교회에서는 하이어라키(Hierarchy)라고 해서 교황을 정점으로 하는 일곱 단계의 성직의 계급이 있습니다. 교황 - 추기경 - 대주교 - 주교 - 주임신부 - 신부 - 평신도입니다.

마찬가지로 천사도 하이어라키(Hierarchy)가 있는데 천사는 9품(九品)으로 구분했습니다.

상급: 치품(熾品, angeli seraphim), 지품(智品, cherubim), 좌품(座品, throni)

중급: 주품(主品, dominationes), 역품(力品, virtutes), 능품(能品, potestates)

하급: 권품(權品, principatus), 대천사(大天使, archangeli), 천사(angeli)

오늘은 천사 이야기를 말씀드리려고 하는데, 성경 66권 중에 절반 이상인 34권에 천사가 등장하고 있고, 천사라는 단어가 신구약 성경에서 무려 275회나 사용되고 있습니다.

우리가 잘 알고 있는 대표적인 천사들

① 천사장 미가엘 - 하나님의 직무를 대행(단 10:21, 12:1, 7-12; 살전 4:16; 유 1:9)

② 가브리엘 천사 - 하나님의 특별하신 계시의 전달자(눅 1:19-33). 마리아에게 "보라 네가 잉태하여 아들을 낳으리니 그 이름을 예수라 하라"고 말했던 천사입니다.

③ 스랍들(the Seraphim) - 하나님을 찬양하는 천사들(사 6:1-6)

④ 그룹들(the Cherubim) - 하나님의 영광을 선포하는 천사(시 80:1, 99:1-2)

천사가 주로 하는 일들

① 이사야 6:1-3 - 주의 보좌 앞에서 거룩하신 하나님을 찬송함.

② 마태복음 13:39 - 세상 끝 날에는 추수꾼으로 일함.

③ 누가복음 16:22 - 거지 나사로를 아브라함의 품으로 인도함.

④ 사도행전 12:7 - 베드로를 옥에서 구출한 것같이 위기에 처한 주의 제자들을 구출함.

⑤ 사도행전 27:23-24 - 유라굴로 광풍이 대작할 때 천사가 바울에게 "두려워 말라 너는 반드시 황제 앞에 서게 되리라"고 하면서 하나님의 뜻을 주의 종에게 전달함.

⑥ 마태복음 18:10 - 하늘에서 하나님 아버지의 얼굴을 항상 뵈옵는다고 말함.

⑦ 마가복음 12:25 - 시집이나 장가를 가지 않음.

⑧ 누가복음 20:36 - 천사는 죽지도 않는다고 함.

당시 초대교회 신자들, 특히 유대교적 배경을 가지고 있다가 개종하여 기독교인이 된 유대계 그리스도인들은 천사들의 신분과 사역에 관하여 매우 관심이 많았습니다. 심지어 그들 중의 어떤 이들은 천사들이 하나님과 사람 사이에서 중보자 역할을 담당하고 있다고까지 믿었고, 이러한 사상은 점점 더 이상한 방향으로 발전하여 천사를 숭배하는 일까지 있게 되었습니다.

실제로 골로새 교회에서 있었던 이단사설 가운데 하나인데, 신비주의적 금욕을 통하여 입신 상태에 들어갈 수 있고, 입신 상태에서 천사들이 하나님을 대면하여 그 앞에서 경배하는 모습을 볼 수 있다고 했습니다(골 2:16-23). 천사들이 하나님을 대면하여 경배하는 모습을 보고 골로새 교인들은 천사가 하나님과 인간 사이의 중보자가 될 수 있다고 믿었습니다. 이것은 오직 예수님만이 하나님과 인간 사이의 유일한 중보자라는 기독교의 진리와 전혀 다른 이단적 요소였습니다.

유대인들은 천사들을 하나님의 모든 피조물들 가운데서 가장 높은 존재로 여겼습니다. 유대인들은 천사를 사람보다 훨씬 뛰어난 존재라고 생각했습니다. 그런데 예수님이 인간의 몸을 입고 사람이 되셨다고 하니까 그렇다면 예수님이 천사보다 못할 것이라고 생각했습니다.

이러한 혼란에 빠져 있는 유대계 그리스도인들에게 예수님이 천사보다 뛰어나신 분임을 분명히 설명할 필요가 있었습니다. 본문은 예수님이 천사보다 뛰어나신 분임을 설명하기 위해서, 구약성경을 조목조목 인용하고 있습니다. 구약성경을 인용한 이유가 무엇일까요? 이 히브리서의 수신자들이 유대교적 배경을 가진 히브리인들이었고, 그들은 구약성경을 잘 알고 있었고, 또 가장 권위 있는 경전으로 믿고 있기 때문입니다.

그러니까 쉽게 말하면 이런 것입니다. "당신네 유대인들이 잘 알고 있는 구약성경에도 예수님은 천사하고는 비교할 수 없을 정도로 뛰어나신 분이라고 증언하고 있습니다. 제 설명을 한번 잘 들어보세요"라고 하면서 그 구체적인 증거들을 제시하고 있습니다.

예수님과 천사가 무엇이 어떻게 다릅니까?

1. 이름이 다릅니다

"그가 천사보다 훨씬 뛰어남은 그들보다 더욱 아름다운 이름을 기업으로 얻으심이니"(4절).

예수님이 천사보다 훨씬 뛰어나신 것은 우선 '더욱 아름다운 이름'을 가졌기 때문이라고 했습니다.

천사들보다 더욱 아름다운 이름이 구체적으로 무엇일까요?

5절에, "하나님께서 어느 때에 천사 중 누구에게 '너는 내 아들이라, 오늘날 내가 너를 낳았다' 하셨으며 또다시 '나는 그에게 아버지가 되고 그는 내게 아들이 되리라' 하셨느냐?"라고 했는데 무슨 뜻입니까? 하나님은 천사 중 그 누구에게도 너는 내 아들이라 부른 적이 없었습니다. 그런데 예수님에 대해서는 '너는 내 아들'이라고 분명하게 선언하셨습니다. 언제 그랬죠? 예수님이 세례 받으실 때, 또 변화산에서 변모하실 때도 "이는 내 사랑하는 아들이요 내 기뻐하는 자라"고 두 번씩이나 분명히 말씀하셨습니다.

그런데 이 말씀은 구약성경에서도 나오는 말씀입니다. 시편 2편

7절에 "너는 내 아들이라 오늘날 내가 너를 낳았다"라고 하였고, 사무엘하 7장 14절에 "나는 그에게 아버지가 되고 그는 내게 아들이 되리라"고 하였는데 이 예언의 말씀들이 예수님에게서 이루어졌음을 보여주고 있습니다.

천사는 부리는 영이지 아들이 아닙니다. 그런데 예수님은 하나님의 아들입니다. 우선 예수님은 천사들과 이름이 다르고 신분이 다릅니다. 예수님이 하나님의 아들이라면 천사들은 부리는 영입니다. 부리는 영과 아들을 어떻게 비교할 수 있겠습니까? 그래서 예수님은 천사보다 훨씬 뛰어나신 분이라는 말씀입니다.

2. 지위가 다릅니다

"또 그가 맏아들을 이끌어 세상에 다시 들어오게 하실 때에 하나님의 모든 천사들은 그에게 경배할지어다"(6절).

여기서는 예수님을 맏아들이라고 부르셨는데, 예수님이 세상에 다시 들어오게 하실 때, 즉 예수님이 역사에 개입하실 때, "천사들은 그에게 경배할지어다"라고 했습니다. 그러니까 예수님은 경배를 받으실 분이고, 천사들은 그를 경배해야 하는 존재들입니다.

실제로 예수님이 이 세상에 태어나셨을 때, "홀연히 수많은 천군이 그 천사들과 함께 하나님을 찬송하여 이르되 지극히 높은 곳에서는 하나님께 영광이요 땅에서는 하나님이 기뻐하신 사람들 중에 평화로다 하니라"(눅 2:13-14)고 하였습니다. 예수님은 천사들의 경배를 받으며 탄생하셨습니다.

예수 그리스도께서 부활하시고 승천하셔서 하늘나라로 올라가실 때, 흰옷 입은 두 사람이 "갈릴리 사람들아 어찌하여 서서 하늘을 쳐다보느냐 너희 가운데서 하늘로 올려지신 이 예수는 하늘로 가심을 본 그대로 오시리라"(행 1:11)고 하였습니다. 여기 흰옷 입은 두 사람은 천사입니다. 예수님이 승천하실 때도 천사들이 수종 들었습니다.

예수 그리스도께서 이 땅에 다시 오실 때에도 수많은 천군 천사들과 함께 강림하실 것입니다.

> "그때에 인자의 징조가 하늘에서 보이겠고 그때에 땅의 모든 족속들이 통곡하며 그들이 인자가 구름을 타고 능력과 큰 영광으로 오는 것을 보리라 그가 큰 나팔소리와 함께 천사들을 보내리니 그들이 그의 택하신 자들을 하늘 이 끝에서 저 끝까지 사방에서 모으리라"(마 24:30-31).

그러니까 예수님이 태어나실 때부터 승천하실 때까지 그리고 다시 오실 때에도 천사들은 예수님을 경배하고 수종드는 자들입니다.

골로새 교회에서 천사들을 중보자로 고백하고 천사를 숭배하는 사람들이 있었다고 했는데, 경배를 받으실 분은 오직 예수님 한 분뿐이고, 천사들은 예수님을 경배하는 존재라는 것을 분명히 말하고 있습니다. 경배를 받으실 분과 경배를 해야 할 존재를 같이 놓고 취급할 수 있겠습니까? 그러니까 예수님은 천사보다 훨씬 뛰어나신 분이라는 말입니다.

3. 사역이 다릅니다

"또 천사들에 관하여는 그는 그의 천사들을 바람으로, 그의 사역자들을 불꽃으로 삼으시느니라 하셨으되"(7절).

이것도 시편 104편 4절을 인용한 말씀인데, 천사들을 '바람'과 '불꽃'이라고 했습니다. 여기 바람과 불꽃은 하나님이 역사하실 때 사용하시는 도구입니다. 그러니까 천사는 하나님이 한때 잠깐 사용하시는 도구라는 뜻입니다.

구체적인 예를 들면 다음과 같습니다.

예수님의 탄생기사를 알려주기 위해 요셉과 목자에게 천사가 나타났고(눅 2:10), 광야에서 예수님이 마귀에게 시험받으실 때 천사들이 수종 들었습니다(마 4:11). 겟세마네 동산에서 기도하실 때도 천사가 예수님을 도왔고(눅 22:43), 안식 후 첫날 새벽에 천사들이 예수님의 무덤에서 돌을 굴렸습니다(마 28:2). 그리고 예수님이 승천하실 때 천사들이 그 곁에서 수종 들었습니다(행 1:10).

그러니까 천사는 바람과 불꽃처럼 하나님이 잠시 필요할 때마다 쓰시는 도구입니다. 그런데 예수님은 어떤 분이십니까?

"아들에 관하여는 하나님이여 주의 보좌는 영영하며 주의 나라의 규는 공평한 규이니이다"(8절).

이것도 시편 45편 6절을 인용한 말씀인데, 여기서 '보좌'와 '규'는 왕의 권위와 통치력을 상징하는 것입니다. 그러니까 천사들은 '바람'과 '불꽃'처럼 하나님이 쓰시는 도구였다면 예수님은 '보좌'와 '규'처럼 친히 다스리시는 왕이라는 뜻입니다. 그러니 친히 통치하시는 왕과 왕이 필요할 때마다 잠시 사용하는 도구를 비교할 수 있겠습니까?

이 이야기의 결론은 "모든 천사들은 섬기는 영으로서 구원받을 상속자들을 위하여 섬기라고 보내심이 아니냐"(14절)입니다. 천사들은 섬기는 영으로, 상속자이신 예수님을 섬기기 위해 보내심을 받은 자입니다.

요약하면 이렇습니다. 유대인들은 천사가 모든 피조물 가운데 가장 뛰어난 존재라고 생각했고, 심지어 유대인들 사이에 천사를 숭배하는 사람도 있었습니다. 그런데 예수님이 인간의 몸을 입으셨다고 하니까 사람은 천사보다 못한 존재이니까 예수님이 천사보다 못한 존재라고 착각하고 있는 사람들이 있었습니다. 이런 착각에 빠져 있는 유대인들에게 그들이 너무 잘 알고 있는 구약의 말씀들을 조목조목 인용해 가면서 예수님이 천사보다 훨씬 뛰어나신 이유를 3가지로 언급했는데, 첫째는 이름이 다르고(4-5절), 둘째는 지위가 다르고(6절), 셋째는 사역이 다르다(7-8절)고 했습니다. 이제 예수님이 천사들보다 훨씬 뛰어나신 분임을 믿습니까?

청소년들이나 청년들이 수련회 갔을 때 많이 하는 게임 중의 하나가 '마니또'입니다. 규칙은 첫날 제비를 뽑아 각자 자기 마니또를 정하고, 수련회 기간 내내 자기 마니또가 알아차리지 못하게 그를 섬기고 도와주는 것입니다. 그리고 마지막 날 자기 마니또가 누구였는지를 공개하고 자기 마니또에게 무엇을 어떻게 몰래 했는지 공개하는 게임입니다.

누군가 나를 늘 지켜보면서 드러내지 않고 나를 도와주는 평생 마니또가 있으면 좋겠지요? 모든 천사보다 훨씬 뛰어나신 예수님이 여러분의 마니또입니다. 천사가 여러분을 돕고 지킨다고 해도 좋을 판인데, 천사하고는 비교할 수조차 없이 뛰어나신 예수님이 여러분의 마니또가 되어서 여러분을 지키시고 은밀하게 돕고 계시는데 걱정하고 두려울 것이 무엇입니까?

조금도 두려워하거나 염려하지 마십시오. 지난날을 생각해 보십시오. 정말 험악한 나그네의 삶을 살아왔습니다. 그런데 그 가운데서 하나님이 여러분을 지키시고 보호하셨습니다. 필요할 때는 돕는 자들을 보내 주셨고, 어떤 때는 천사를 보내 주셨고, 마지막 날에는 아들을 보내 주셔서 여러분을 지키시고 보호하고 계시다는 것을 믿으시기 바랍니다.

♬ 믿음이 이기네! 믿음이 이기네!
주 예수를 믿음이 온 세상 이기네!

이 믿음을 가지고 승리하시기를 바랍니다.

More Jesus, Less Religion

그러므로 우리는 들은 것에 더욱 유념함으로 우리가 흘러 떠내려가지 않도록 함이 마땅하니라 천사들을 통하여 하신 말씀이 견고하게 되어 모든 범죄함과 순종하지 아니함이 공정한 보응을 받았거든 우리가 이같이 큰 구원을 등한히 여기면 어찌 그 보응을 피하리요 이 구원은 처음에 주로 말씀하신 바요 들은 자들이 우리에게 확증한 바니 하나님도 표적들과 기사들과 여러 가지 능력과 및 자기의 뜻을 따라 성령이 나누어 주신 것으로써 그들과 함께 증언하셨느니라 (히 2:1-4)

요즘 우리 사회에 상당히 문제가 되는 것 중의 하나가 중독(中毒)입니다. 중독은 무엇에 집착하거나 병적으로 몰입하는 것입니다. 무엇에 중독이 된 사람은 같은 상황이 주어지면 자기 의사와 상관없이 반사적으로 똑같이 행동합니다.

그런데 그것이 무엇이든지 간에, 무엇에 중독이 되면 공통점은 첫째로 현실로부터 도피를 제공합니다. 비록 짧은 시간이지만, 현실의 문제에서 벗어나 숨통이 트이는 것 같은 기쁨을 맛보는데 그렇다고 해서 실제로 현실이 달라지는 것은 전혀 아닙니다. 그래서 점점 현실로부터 유리(遊離)되어집니다. 둘째로 일순간 쾌감을 경험합니다. 흥분, 진정, 어떤 해방감 같은 것을 순간적으로 경험합니다. 셋째로 통제 불능 상태가 됩니다. 자기 감정이나 생각 그리고 삶이 컨트롤(control)되지 않아서 자기 의지에 따라서 행동을 절제할 수 없는 상태에 빠지게 됩니다. 넷째로 균형 있는 생활을 할 수 없습니다. 완급과 우선순위를 조정하고 삶을 규모 있게 살 수 없습니다. 마지막으로 미친 사람이 절대로 미쳤다고 하지 않는 것처럼, '나는 알코올 중독자, 나는 게임 중독자'라고 스스로 절대로 인정하지 않습니다.

중독의 종류를 크게 나누면 3가지입니다.

(1) 생화학적 중독

어떤 생화학적인 물질이 인체에 흡수되어서 생기는 중독입니다. 계속 그 물질이 채워지지 않으면 강한 금단 현상을 초래하게 되는 아주 무서운 중독입니다.

자극(흥분)시키는 중독으로는 알코올, 마약 같은 것이 있고, 반대로 흥분을 진정시키는 중독으로는 니코틴, 엔돌핀 같은 것이 있습니다. 엔돌핀의 경우는 나쁜 것은 아니지만 엔돌핀도 일종의 진정제라고 할 수 있습니다. 너무 기분이 흥분되면 진정하라고 우리 몸에서 나오는 것이 엔돌핀입니다.

(2) 습관적 중독

어떤 생화학적인 물질이 인체에 흡수된 것은 아니지만, 반복적인 습관을 통해서 뇌와 몸에 각인되어버린 중독입니다. 이 습관적인 중독도 그것을 하지 않으면, 생화학적 중독과 똑같이 금단현상이 나타납니다. 대표적인 예로는 게임 중독, 포르노 중독, 도박 중독, 쇼핑 중독 같은 것이 있습니다.

(3) 숨겨진 중독

숨겨져 있기 때문에 자기 자신도 잘 알지 못하는 중독이 있는데 공동 의존증(Co-dependency)이라는 것이 있습니다. 중독 중에는 선한 중독이라 할 수 있는데, 다른 사람을 도와주지 않으면 자기가 견디지 못하는 중독입니다.

밀드레드(Mildred)라는 여성이 있었습니다. 당시 45세로 매력석이고, 지적이고, 활기 넘치는 여성이었습니다. 세 딸의 어머니로 10년 동안 컨설트 사업에 성공한 사람입니다. 남편은 목사였는데, LA에 있는 큰 교회에 목사로 청빙을 받고 그 후 1년 만에 사역을 포기했습니다. 심각한 우울증 때문이었습니다. 왜 남편 목사가 우울증에 걸렸을까요?

그의 부인인 밀드레드가 남편 대신 교회 모임을 주관하기도 하고, 마땅히 남편이 해야 할 주보에 글을 쓰는 것도 자기가 대신 다 써 주고, 남편이 무슨 일이 생기면 자기가 다 해명을 하고, 비서 이상으로 스케줄을 체크하고, 일일이 다 간섭하고, 실수하지 않도록 미리 미리 다 체크합니다. 우리나라에서는 이런 사람을 내조의 여왕이라고 하지 않겠습니까? 그런데 남편은 점점 무기력해지기 시작했고 심각한 우울증세를 보이기 시작했습니다. 상황이 이쯤 되면 더 이상 남편을 돕지 않고 자기 일은 자기가 알아서 하도록 놔둬야 하지 않겠습니까? 그런데 이 부인은 그렇게 하지 않으면 자기가 불안해서 견딜 수 없는 사람이었습니다.

밀드레드(Mildred)의 가족배경을 연구해 보니까 아버지가 알코올 중독자였고, 어머니가 이를 견디다 못해 이혼을 했습니다. 가정이 해체되면서 밀드레드는 17세에 가출했고, 가출한 후 남겨진 동생들에 대한 강한 책임감이 생겼습니다. 그래서 누가 어려운 일을 당하는 것 같으면 도와주지 않으면 견딜 수 없는 사람이 되었습니다. 컨설턴트라는 그의 직업에는 이것이 딱 맞아서 그 분야에서는 성공을 했지만, 자기 남편을 필요 이상으로 도와서 정작 자기 남편을 무기력하고 우울증에 빠지게 했습니다. 공동의존증이라는 중독은 누구를 도와주지 않으면 자기가 못 견디는 병이라고 할 수 있습니다.

또 숨겨진 중독 가운데 종교 중독이라는 것이 있습니다. 로즈(Rose)라는 여성이 있었습니다. 21세 때 같은 교회 청년과 결혼을 해서 자녀 3명을 낳고 5년간 결혼생활을 했습니다. 남편은 친절하고 애정이 깊은 남자였는데, 로즈는 결코 자기 남편을 사랑한 적이 없었다는 것을 깨닫기 시작했습니다. 그 공허함을 채우기 위해서 신앙생활에 몰입하기로 했습니다. 신앙생활에 열심을 내면서 처음에는 영적인 소생을 경험하는 것처럼 보였는데, 점차 로즈가 이상한 행동을 하기 시작했습니다. 로즈는 어디를 가든지 성경책을 들고 다녔습니다. 교회나 기도 모임은 물론이고, 잠잘 때도 품에 안고 잠들었고, 슈퍼마켓을 갈 때나 학부모 미팅 때, 미장원, 심지어는 영화관에도 성경책을 들고 다녔습니다. 신앙이 좋은 것이 아니라 성경책에 중독된 종교 중독자입니다.

종교 중독에 빠지면 황홀감을 느끼게 됩니다. 하나님을 섬기기 위해 예배나 봉사를 하는 것이 아니라 어떤 카타르시스를 느끼기 위한 것이 되어버렸습니다. 신앙생활의 핵심인 예수 그리스도가 빠지고, 예수님이 계셔야 할 자리에 자기가 주인공으로 턱 앉아 있으면 이런 종교 중독에 빠질 수 있습니다.

그래서 사이비 집단일수록 광신적입니다. 신비주의를 추구합니다. 그들은 이러한 것을 통해서 카타르시스를 경험하는데, 사실은 이것이 영적인 마약수사와 같은 것입니다. 약기운이 떨어지면 또 더 강력한 자극이 필요하게 됩니다. 그래서 나중에는 세상 사람들이 깜짝 놀랄 그런 짓을 하게 됩니다. 우리가 잘 알고 있는 중독도 무서운 것이지만, 우리가 잘 몰랐던 숨겨진 중독이 어쩌면 더 무서운 것일 수 있습니다.

히브리서 1장을 한마디로 말하면, 예수님은 선지자나 천사보다 훨씬 뛰어나신 분이라고 했습니다. 다르게 표현하면 선지자나 천사에 중독이 되면 안 된다는 것입니다. 예수님이 앉아 계셔야 할 자리에 천사가 앉아 있어도 안 되고, 선지자가 앉아 있어도 안 됩니다. 진정한 주인공은 천사도 선지자도 나도 아니고 예수님입니다.

구약의 선지자들이 전해 준 것이 율법이라면, 예수님은 복음의 말씀을 우리에게 주셨습니다. 우리는 은혜의 시대에 태어나서 복음의 말씀을 받고 하나님의 자녀가 되었습니다. 복음 안에서 하나님의 자녀가 되었다면 구약의 선지자들이 전해준 율법과 예수님이 전해주신 복음의 근본적인 차이가 무엇인지를 깨달아야 합니다.

무엇이 율법적 사고방식이고 무엇이 복음인지를 제대로 구분하지 못하는 교인들이 있습니다. 예수님의 복음 안에서 해방된 자유인이 된 그리스도인들이 가져야 할 삶의 방식에 대하여 말씀을 드리겠습니다.

1. 불완전한 상태로 만족하십시오

율법은 본래 좋은 것이지만 율법적인 신앙에 빠지게 되면 이것이 종교 중독으로 흘러가게 되어 있습니다. 그 대표적인 희생자들이 바리새인들이었습니다. 그들은 율법을 부지중에 하나라도 범하면 큰일 나는 줄 알았습니다. 그래서 포도주를 마실 때도 반드시 천에 걸러서 먹었습니다. 혹시라도 포도주에 하루살이가 떨어져 죽었다면 시체는 부정한 것이고, 죽은 시체가 포도주에 빠졌다면 그 포도주도 부정해지고, 그 부정한 포도주를 마신 사람도 부정해지기 때문입니다. 그들은 거의 같은 이유로 길을 다닐 때도 입을 가리고 다녔습니다. 부지중에라도 하루살이를 삼켜서 부정해지는 것으로부터 자신을 보호하기 위함입니다.

그러나 예수님이 전해주신 복음은 전혀 다릅니다. 인간은 근본적으로 완전하지 못하기 때문에 실수할 수 있고, 더럽혀질 수 있고, 죄에 빠질 수밖에 없는 존재임을 인정합니다. 인간이 불완전한 존재이기 때문에 예수님을 구세주로 필요하게 된 것입니다. 자기 스스로 구원할 수 있다고 생각한다면 예수님을 영접할 필요도 없을 것입니다. 그래서 복음으로 사는 사람들은 자기 자신뿐만 아니라 다른 사람도 불완전한 상태로 만족할 수 있어야 합니다.

우리의 육신의 부모는 완전한 분이 아닙니다. 예수님처럼 무흠한 분도 아닙니다. 완전하신 분은 오직 하나님 한 분뿐입니다. 불완전한 상태 그대로 용납하시기 바랍니다. 자녀들도 마찬가지입니다. 말썽꾸러기이고 늘 사고치고, 철이 잘 들지 않습니다. 어쩌면 그것이 당연합니다. 불완전한 상태로 만족하십시오. 배우자도 그렇습니다. 모르는 것이 약이라고, 잘 모를 때는 상관없었는데, 모든 것을 다 알고 난 후에도 한결같이 그를 신뢰하는 것이 결코 쉽지 않습니다. 당신의 배우자는 천사도 아니고 예수님도 아닙니다. 당신은 예수님과 결혼한 것이 아닙니다. 그도 죄인일 수밖에 없는 사람입니다. 허물이 많은 사람입니다. 너무 많은 것을 기대하지 마시고 불완전한 상태로 만족하시기를 바랍니다.

뿐만 아니라 자기 자신도 불완전한 상태로 받아들이십시오. 스스로에게 칭찬도 좀 해 주시고요.

"너 그만하면 잘 살고 있다. 참 수고가 많다."

"참 어려운 시대를 살아왔는데, 그만하면 참 잘했다."

여러분 자신에 대해서도 너무 비판하지 마세요. 예수님도 여러분을 그렇게 비판하지 않습니다. 비록 온전하지 못하다는 것을 나 자신도 잘 알고 있지만, 불완전한 상태로 만족하고 받아들이십시오. 좋든 싫든 그렇게 생긴 것이 나 자신인데 어찌하겠습니까? 복음 아래 있는 그리스도인들은 불완전한 상태에서 만족하고 감사할 수 있어야 합니다.

2. 자발적으로 하나님을 섬기십시오

율법은 완벽해야 하기 때문에 행동 하나하나를 끊임없이 통제합니다. 그래서 자기 자신뿐만 아니라 다른 사람도 숨을 쉴 수가 없게 됩니다. 율법은 우리를 질식해서 죽을 것 같은 생활을 하게 만듭니다.

전에 성지순례를 갔을 때 가이드 목사님이 자기 유대인 친구 이야기를 들려주었습니다. 어느 안식일 날 친구 유대인이 찾아왔더랍니다. 유대인들은 안식일 날 가전제품의 스위치를 켜는 것도 일로 간주해서 작동하지 못한다고 합니다. 그래서 무더운 여름철에는 안식일이 되기 전에 타이머로 시간을 설정해서 에어컨이 자동으로 돌아가도록 세팅을 해놓아야 한답니다. 그런데 이 유대인 친구가 깜빡 잊어

버리고 그것을 해놓지 않았습니다. 날씨가 더워서 한낮에 40도가 넘어가는데, 에어컨은 켤 수 없으니까 자기를 찾아와서 너는 이방인이니까 우리 집에 와서 에어컨 스위치를 켜 달라고 하더랍니다.

안식일 날 아파트나 호텔의 엘리베이터에서 층 버튼을 누르는 것도 일이기 때문에 할 수 없답니다. 그래서 안식일에는 모든 엘리베이터가 다 안식일 모드로 작동이 된다고 합니다. 안식일 모드는 사람이 있든 없든 모든 층에 무조건 다 서도록 세팅을 해놓는 것입니다. 그들은 불편해도 이렇게 하는 것이 하나님을 잘 섬기는 것이라고 생각하고 있겠지만, 과연 하나님이 그것을 요구하시겠습니까?

율법이 이런 것이라면 복음은 자율적입니다. 스스로 판단해서 일을 처리합니다. 결과를 가지고 선악을 논하는 것이 아니라 어떤 마음에서 그렇게 처리했는지 그 마음의 동기를 훨씬 중요하게 생각합니다.

오 헨리의 《크리스마스 선물》이라는 소설을 잘 아시죠? 가난한 부부의 크리스마스 선물에 얽힌 이야기입니다. 아내는 남편을 위해 자기 금발 머리카락을 잘라서 남편의 시곗줄을 샀고, 남편은 아내를 위해 자기 시계를 팔아 아내의 금발머리를 위해 머리빗을 샀습니다. 다 잘 아시는 이야기이니까 길게 말씀드릴 필요가 없는데, 결과적으로 일을 완전히 망쳐버렸습니다. 머리카락을 다 잘라 버렸는데 빗이 무슨 소용이 있고, 시계를 팔아버렸는데 시곗줄을 가져다가 뭐에 쓰겠습니까? 그러나 이것이 얼마나 아름다운 이야기요 감동이 있는 이야기입니까?

복음은 일의 결과보다는 마음의 동기가 훨씬 더 중요합니다.

부활하신 주님께서 갈릴리 호숫가에서 베드로에게 하신 말씀을 기억하실 것입니다.

"네가 이 사람들보다 나를 더 사랑하느냐?"

"내가 주를 사랑하는 줄 주께서 아시나이다."

이렇게 고백할 수 있으면 되는 것입니다.

율법적인 신앙에 빠지면 이것도 해야 하고 저것도 해야 하고, 이것도 할 수 없고 저것도 할 수 없는 수많은 제약 가운데 살게 되지만, 은혜의 복음은 마음과 마음으로 주님을 섬기며, 해방된 자유인이 되어 자발적으로 주님을 섬기는 참된 기쁨을 우리에게 줍니다.

3. 기쁨으로 하나님을 섬기십시오

율법적인 신앙은 주님이 진정 무엇을 원하시는지 그 핵심을 모르기 때문에, 무조건 지시하는 대로 해야 합니다. 그래서 어떤 과제가 주어지면 열심히 해냅니다. 그런데 한계가 있습니다. 시키지 않고 통제하지 않으면 안 합니다. 그래서 더 강력한 통제 수단을 개발해야 합니다. 그러면서 점점 더 비인격적인 대우를 하게 되고, 받게 됩니다.

그러나 은혜의 복음은 기쁨으로 봉사합니다. 주님이 진정 원하시는 것이 무엇인지 알기 때문에 분명한 목적의식을 가지고, 자기가 할 수 있는 일을 찾아서 기쁨으로 봉사합니다. 그래서 봉사 그 자체가 기쁨입니다.

율법주의와 은혜의 복음 그 분명한 차이를 알지 못하면 종교 중독에 빠질 수 있습니다. 종교 중독의 끝은 사이비 집단하고 잇대어 있습니다. 왜 이단들이 이처럼 난무하고, 사람들이 이단에 미혹됩니까? 복음의 참된 의미를 깨닫지 못하기 때문입니다.

율법과 복음의 차이를 깨닫는 것은 단지 신앙생활의 문제만이 아닙니다. 율법주의적인 사고방식을 가지고 있으면 생활도 마찬가지 스타일입니다. 완벽주의 사고방식에 빠지면 통제하고, 지시하고, 무조건적인 충성을 요구하고, 그래서 통제하는 사람이나 당하는 사람이나 할 것 없이 서로 괴로운 삶을 살 수밖에 없습니다.

예수님이 주시는 은혜의 복음은 불완전한 상태에서 만족하고, 서로를 인정하며, 격려하고, 자율적으로 판단할 수 있도록 신뢰하며, 무엇을 함에 있어서 기쁨으로 행하는 그런 사람입니다. 결과를 가지고 논하는 것이 아니라 관계를 소중히 여기며 마음과 마음으로 통하는 사람들이 됩니다.

이상해요, 갈수록 제 아이들이 더 그립고 좋아집니다. 왜 좋아하겠어요? 단 한 가지 이유는 내 아들이기 때문입니다. 아버지와 아들이라는 관계 때문이지, 누구보다 공부를 잘해서도 아니고, 뭘 잘해서도 아닙니다. 마찬가지로 우리 교인들도 갈수록 더 좋아져요. 왜 제가 우리 교인들을 좋아하겠어요? 저에게 잘 해주셔서 그럴까요? 아닙니다. 목사와 교인이라는 관계 때문입니다.

진짜 중요한 것은 일이 아니라 관계입니다. 오늘 설교 제목을 영어로 "More Jesus, Less Religion"이라고 정했습니다. 한국말로 어떻게 표현할 방법을 잘 찾지 못해서 그랬습니다. 굳이 해석한다면 "예수님은 더, 종교는 덜"이라고 할 수 있겠죠.

우리는 그동안 신앙생활을 한다고 하면서 율법적인 사고방식에 빠져서 신앙생활의 기쁨이나 행복, 참된 자유를 제대로 누리지 못했습니다. 이제 우리 기독교 신앙에서 종교적인 색채는 조금씩 지워가야 합니다. 그리고 우리 기독교 신앙의 핵심인 예수님 그리고 주님이 주신 복음에 더욱 집중해야 합니다.

이 복음이 마음에 충만하게 되면 예수님 때문에 모든 것이 좋아집니다. 예수님만 좋은 것이 아니고, 예수님 때문에 모든 것이 다 좋아집니다. 교회와 성도들은 물론이고, 가정과 직장생활도 너무너무 행복해집니다. 그리고 하루아침에 뭐가 어떻게 달라지는 것은 아니지만 기쁨으로 감당하다 보니 자연스럽게 사업도 잘되고, 물질적으로 복도 받고, 건강도 좋아지고, 무엇보다 하루하루 사는 것이 즐겁고 사람을 만나는 것이 행복하게 느껴집니다. 복음 안에서 예수님이 주시는 이런 놀라운 기쁨과 은혜를 누리며 사시기를 바랍니다.

상처 입은 치유자(治癒者)

하나님이 우리가 말하는 바 장차 올 세상을 천사들에게 복종하게 하심이 아니니라 그러나 누구인가가 어디에서 증언하여 이르되 사람이 무엇이기에 주께서 그를 생각하시며 인자가 무엇이기에 주께서 그를 돌보시나이까 그를 잠시 동안 천사보다 못하게 하시며 영광과 존귀로 관을 씌우시며 만물을 그 발 아래에 복종하게 하셨느니라 하였으니 만물로 그에게 복종하게 하셨은즉 복종하지 않은 것이 하나도 없어야 하겠으나 지금 우리가 만물이 아직 그에게 복종하고 있는 것을 보지 못하고 오직 우리가 천사들보다 잠시 동안 못하게 하심을 입은 자 곧 죽음의 고난 받으심으로 말미암아 영광과 존귀로 관을 쓰신 예수를 보니 이를 행하심은 하나님의 은혜로 말미암아 모든 사람을 위하여 죽음을 맛보려 하심이라 그러므로 만물이 그를 위하고 또한 그로 말미암은 이가 많은 아들들을 이끌어 영광에 들어가게 하시는 일에 그들의 구원의 창시자를 고난을 통하여 온전하게 하심이 합당하도다 거룩하게 하시는 이와 거룩하게 함을 입은 자들이 다 한 근원에서 난지라 그러므로 형제라 부르시기를 부끄러워하지 아니하시고 이르시되 내가 주의 이름을 내 형제들에게 선포하고 내가 주를 교회 중에서 찬송하리라 하셨으며 또 다시 내가 그를 의지하리라 하시고 또다시 볼지어다 나와 및 하나님께서 내게 주신 자녀라 하셨으니 자녀들은 혈과 육에 속하였으매 그도 또한 같은 모양으로 혈과 육을 함께 지니심은 죽음을 통하여 죽음의 세력을 잡은 자 곧 마귀를 멸하시며 또

죽기를 무서워하므로 한평생 매여 종 노릇 하는 모든 자들을 놓아 주려 하심이니 이는 확실히 천사들을 붙들어 주려 하심이 아니요 오직 아브라함의 자손을 붙들어 주려 하심이라 그러므로 그가 범사에 형제들과 같이 되심이 마땅하도다 이는 하나님의 일에 자비하고 신실한 대제사장이 되어 백성의 죄를 속량하려 하심이라 그가 시험을 받아 고난을 당하셨은즉 시험 받는 자들을 능히 도우실 수 있느니라 (히 2:5-18)

제가 1980년대 신학대학에 들어갔을 때 당시 가장 이슈가 되었던 신학적 문제는 해방신학이었습니다. 미국의 진보신학자인 하비 콕스(Harvey Cox)가 《세속도시》(The Secular City)라는 책에서 성(聖)과 속(俗)의 이분법, 즉 교회와 세상을 단절시키는 이분법적인 사고방식을 부정하고, 교회가 고난당하고 있는 현장에 적극적으로 참여해서 세상 속에 하나님의 나라를 건설해야 한다고 주장하기 시작했습니다.

이러한 신학사상에 영향을 받은 페루의 가톨릭 신부 구스타보 구티에레츠(Gustavo Gutiérrez)와 브라질 신부 레오나르도 보프(Leonardo Boff)라는 사람이 남미에서 '해방신학'의 깃발을 들었습니다. 당시 남미는 경제가 몰락하면서 무서운 인플레이션이 진행되었고, 폭동이 일어났고, 폭동을 진압한 군사독재자들의 횡포가 하늘에 사무쳤습니다. 뿐만 아니라 남미 전체가 미국의 식민지 같이 되어버린 상황에서 극심한 가난과 엄청난 혼란을 겪고 있었습니다. 이때 진보주의 성향의 신학자들이 "하나님은 이들 가난한 자의 편"이라며 교회가 가난과 정치적인 억압으로부터 이들을 해방시켜야 한다고 강하게 주장하기 시작했고, 이에 수많은 군중들이 호응했습니다.

이것이 1980년대에 한국에 소개되면서 한국에서는 '민중신학'이라는 이름으로 발전했습니다. 유신정권이 무너지면서 그 혼란기에 구마사태, 광주민주화운동이 일어났고, 결국 이것을 진압하는 과정에서 또다시 제5군사공화국이 세워져서 철권을 휘두르기 시작했습니다. 최근에 개봉해서 천만 관객을 훌쩍 넘었다는 영화 '택시 운전사'와 '1987'이 이 시대를 배경으로 하고 있습니다. 이때 많은 시민들이 계엄군의 총에 맞아 죽었고, 무고하게 붙잡혀 가서 옥고를 치르고 고문을 당하고, 삼청교육대에 끌려가서 인간으로서는 감당할 수 없는 고통을 당하기도 했습니다.

이러한 상황에서 남미의 해방신학을 직수입한 한신대학교를 중심으로 한 좌파 신학자들이 주장하고 나온 것이 민중신학입니다. 당시 민중신학자들은 독일의 본회퍼의 글을 인용해서 이런 비유를 즐겨 사용했습니다. 사람들이 많이 모여 있는 광장에 미친 트럭운전사가 핸들을 잡고 사람들을 향하여 돌진하고 있다면 누군가가 이 미친 트럭 운전사를 그 차에서 끌어내려야지, 미친 트럭 운전사의 양심만 믿고 가만히 놔두면 무고한 시민들만 희생을 당한다고 했습니다. 이 미친 트럭 운전사를 끌어내리는 사람이 예수님의 참된 제자이고, 그 과정에서 어쩔 수 없이 폭력을 행사하는 것은 더 큰 악을 막기 위해서는 불가불 어찌할 수 없는 일이라며 폭력을 정당화하기도 했습니다. 그래서 이 미친 트럭 운전사를 끌어내리기 위해서 날마다 화염병을 던지며 데모가 끊이지 않았고, 대학가에는 체류탄 가스가 끊어지지 않았습니다. 저는 이런 역사의 진통 중에 대학 시절을 보내야 했습니다.

이에 편승하여 또 한편에서는 남성들의 압제와 횡포로부터 여성을 해방해야 한다는 '여성신학'이 같이 판을 치기 시작했습니다. 여성신학자들은 "왜 하나님을 꼭 아버지라고만 불러야 하느냐? 이것은 남성 중심의 가부장적인 신학사상에서 나온 것이다"라고 하면서 하나님을 어머니라고 부르면 안 되는 이유를 설명하라고 했습니다. 그러면서 여성신학자들은 늘 기도하면서 "자애로우신 하나님 어머니~"라는 말로 시작했습니다.

해방신학자, 민중신학자, 여성신학자들은 인간의 문제를 정치 경제적인 억압이라는 구조악, 가난, 질병, 성차별, 비인간화 등으로 보았습니다. 그러나 지금 약 30년, 한 세대가 지난 오늘날에는 이러한 신학들은 이미 그 흔적을 찾아볼 수 없을 정도로 의미를 잃고 말았습니다. 이러한 신학은 한때 시류에 따라 흘러가는 철새신학입니다.

특수한 시대, 특수한 상황에서만 의미를 지닌다는 말은 결국 그것이 보편적인 진리가 아니라는 말이기도 합니다. 세상은 변해도 진리는 변하지 않습니다. 진리의 말씀이 변화하는 세상을 해석하는 것이어야지, 세상을 설명하기 위해서 성경이 사용된다면 이것은 분명히 심각한 신학적 오류를 범하고 있는 것입니다.

이런 의미에서 오늘 본문은 시대와 상황을 초월해서 인류의 모든 문제의 진정한 해답이신 예수님이 우리 가운데 오셔서 지금 어떤 일을 행하고 계시는지를 보여주는 정말 주옥과 같은 말씀입니다. 오늘 본문의 말씀은 얼핏 읽어서는 그 깊은 의미를 알 수 없는 구절입니다. 저도 본문을 묵상하면서 열 번 이상 여러 가지 성경들을 비교해 읽어가면서 그 의미를 조금씩 깨닫기 시작했습니다.

1. 장차 올 세상에서는 천사들의 섬김을 받게 하실 것입니다

> "하나님이 우리가 말하는 바 장차 올 세상을 천사들에게 복종하게 하심이 아니니라"(5절).

이 5절 말씀을 새번역 성경에서는 "하나님께서는 지금 우리가 말하는 장차 올 세상을 천사들의 지배 아래에 두신 것이 아닙니다", 공동번역 성경에서는 "하느님께서는 우리가 지금 말하고 있는 장차 올 세상을 천사들의 지배 아래 두시지는 않습니다"라고 각각 번역했습니다.

결국 이 말은 장차 오는 세상에서는 천사들이 주인공이 아니라는 말입니다. 천사들은 이 세상에서도 구원받을 백성들을 섬기고 있지만, 장차 다가올 세상에서도 구원받을 사람들을 섬기는 일꾼에 불과합니다. 하나님 나라의 통치권은 예수님에게 있고, 예수 그리스도에게 속한 성도들이 이 나라의 주인공입니다. 히브리서 1장 14절에 "모든 천사들은 섬기는 영으로서 구원받을 상속자들을 위하여 섬기라고 보내셨다"라고 했습니다. 장차 올 세상에서 성도들은 천사들의 섬김을 받게 될 것입니다.

2. 지금 여기에서는 성도들을 특별히 지키시고 보호하십니다

본문 6-8절은 시편 8편 4-6절을 원문 그대로 인용한 구절입니다. 하나님이 구원받은 백성들을 얼마나 귀히 여기시는지를 보여주고 있는데, "사람(헬, 안드로포스)이 무엇이관대", 즉 사람은 연약하고 타락한 존재라는 뜻입니다. 그럼에도 불구하고 "주께서 그를 생각하시며", 타락했기 때문에 버림받아 마땅하지만 하나님께서 그들을 기억하셨다고 합니다. "인자가 무엇이기에 주께서 그를 돌보시나이까", 죄인일 수밖에 없는 사람이 도대체 무엇이라고 주님께서 이렇게 보살펴 주시느냐는 뜻입니다.

누가복음 12장 6-7절에 "참새 다섯 마리가 두 앗사리온에 팔리고 있지 않느냐? 하나님은 그것도 알고 계시고, 팔려가는 참새 한 마리도 기억하신다"라고 하면서, "너희는 참새보다 귀하다"라고 했습니다. 그러면서 하신 말씀이 "너희는 머리털까지 세신 바 되었다"라고 했습니다.

예수님이 천국에서 지금 무엇을 하실까요? 택한 성도들의 머리카락이 빠지고 새로 나고 하는 것을 대차대조표를 만들어서 세고 계십니다. 저처럼 머리카락 수가 비교적 적은 사람은 예수님의 수고를 상당히 덜어주는 착한 사람이고요, 머리카락이 많고 파마까지 해서 막 뒤엉켜 있는 사람은 예수님을 상당히 피곤하게 하는 사람입니다. 예수님은 여러분의 머리카락까지도 세신 바 되었다고 할 정도로 여러분을 지키고 보호하고 계십니다.

3. 영광과 존귀로 관을 씌우십니다

"그를 잠시 동안 천사보다 못하게 하시며"(7절).

여기서 '그'는 구원받은 성도들을 말합니다. 잠시 동안은 우리가 육신의 몸을 입고 이 세상에 머물러 있는 동안을 말합니다. 우리가 이 세상에서 육신의 몸을 입고 있는 동안에는 천사보다 조금 못한 존재입니다. 그러나 천국에 가면 우리는 천사를 하인으로 부리며 살게 됩니다. 이런 의미에서 잠깐 동안 천사보다 못하게 하셨다고 합니다.

그러면 이 기간이 끝나면 어떻게 됩니까? "영광과 존귀로 관을 씌우고 만물을 그 발아래 복종하게 하신다"라고 했습니다. 우리는 천국에서 면류관을 쓰고, 세세토록 왕 노릇 하게 될 것입니다(7절하-8절). 이것은 장차 오는 세상에서의 일입니다.

그러나 지금은 어떻습니까? 만물이 아직 그에게 복종하지 않았죠?(8절하) 그래서 아직은 천사보다 못한 존재입니다(9절). 이런 사람들을 장차 오는 세상에서 천사보다 존귀한 자로 삼기 위해서 예수님이 하신 일이 무엇입니까? "죽음의 고난을 받으심으로 말미암아 영광과 존귀로 관을 쓰셨다"(9절하)라고 했습니다. 예수님께서 죽음의 고난을 통해서 우리가 영광과 존귀를 받게 되었을 뿐만 아니라 우리를 장차 오는 세상에서 천사보다 존귀한 자로 삼으실 것입니다. 그러니까 우리가 천국에서 천사보다 더 존귀한 자가 되는 것은 그냥 저절로 된 것이 아니라 예수님이 십자가에 죽으심으로 말미암아 되어진 일입니다.

무더운 여름에 더위로 더위를 이기는 것을 이열치열(以熱治熱)이라고 한다면, 그리스도께서 죽음으로 죽음을 이기신 것은 이사치사(以死治死)라고 할 수 있습니다. 예수님께서 십자가에 달려 죽으신 것은 약하거나 무력해서가 아닙니다. 사망으로 사망을 이기심으로 성도들을 사망에서 건져내시고 천사보다 더 존귀한 존재로 삼으시기 위함이었습니다.

4. 당신을 형제와 자녀로 불러 주셨습니다

"거룩하게 하시는 이와 거룩하게 함을 입은 자들이 다 한 근원에서 난지라 그러므로 형제라 부르시기를 부끄러워 아니하시고"(11절).

이 말씀에서 거룩하게 하시는 자는 누구입니까? 예수님입니다. 거룩함을 입은 자는 성도들입니다. 그러니까 예수님과 성도들이 다 한 근원에서 났다고 하시면서 예수님과 우리는 형제가 되었다고 선언하셨습니다.

부활하신 주님께서 "너는 내 형제들에게 가서 이르되 내가 내 아버지 곧 너희 아버지, 내 하나님 곧 너희 하나님께로 올라간다 하라"(요 20:17)고 하셨습니다. 제자들을 형제라 불러 주셨습니다. "너희가 여기 내 형제 중에 지극히 작은 자 하나에게 한 것이 곧 내게 한 것이니라"(마 25:40)는 말씀에서도 성도들을 내 형제라고 부르셨습니다. 심지어 제자들을 친구라고 부르시기도 했습니다.

"내가 내 친구 너희에게 말하노니…"(눅 12:4).

예수님이 친히 우리를 형제 혹은 친구라고 불러주셨습니다. 뿐만 아니라 본문에서는 우리를 자녀라고 부르셨습니다(히 2:13-14).

형제라는 개념이 친근함을 준다면, 자녀라는 개념은 어린 자녀들이 엄마의 품에 안겨 있는 것과 같은 포근함과 안정감을 줍니다. 세상에서 가장 아름다운 그림은 분명히 엄마 품에 안겨 새근새근 잠이 든 어린아이라고 생각합니다. 예수님은 여러분을 당신의 품에 이렇게 안아주시는 분입니다. 우리를 진정 품에 안아주실 분은 예수님 한 분밖에 없습니다. 자녀는 아버지의 품에 있을 때에만 참된 평안을 누릴 수 있습니다. 우리를 형제라, 친구라, 자녀라 불러주신 주님의 품 안에서 주님이 주시는 참된 평안을 누리시기 바랍니다.

5. 세상에 매여 종 노릇 하는 것에서 벗어나게 하십니다

"죽음을 통하여 죽음의 세력을 잡은 자 곧 마귀를 멸하시며"(14절 하반절).

죽음을 통하여, 십자가를 통하여 마귀를 멸하셨다고 하셨습니다. 그리고 어떻게 하셨습니까? "한평생에 매여 종 노릇 하는 자들을 놓아주셨다"(15절)라고 했습니다.

하나님은 우리를 이 세상에서 자유와 행복을 누리며 살도록 우리를 창조하셨는데, 우리는 거꾸로 세상일에 매여 종 노릇 하며 끌려다니고 있습니다. 예수님을 온전히 만나지 않으면 세상에 매여 종 노릇 하며 끌려다닐 수밖에 없습니다. 그러나 참 생명이신 예수님을 온전히 영접하게 되면 더 이상 세상 일에 집착하지 않습니다.

그렇다고 세상을 등지고 사는 탈세상적인 사람이 된다는 말이 아닙니다. 그리스도 안에서 온전히 회복된 사람은 직장에서 일을 하면서도, 가정에서 생활할 때에도 예수님이 주시는 참된 기쁨과 행복을 삶의 현장에서 누리게 됩니다.

6. 우리가 시험을 받을 때에 도와주시는 분입니다

> "그가 시험을 받아 고난을 당하셨은즉 시험 받는 자들을 능히 도우실 수 있느니라"(18절).

세상에서 살다 보면 시험을 당할 때가 많이 있습니다. 늘 우리는 정치적, 군사적, 경제적, 문화적, 영적인 도전 앞에 서게 됩니다. 우리가 사는 이 세상은 무균실이 아닙니다. 늘 우리를 흔들어 대는 악의 세력이 있습니다. 그러나 기억하십시오. 예수님은 우리가 이렇게 시험을 당할 때 항상 함께하면서 도와주시는 분입니다.

설교의 제목을 "상처 입은 치유자(治癒者)"라고 붙였습니다. 유명한 책 이름입니다. 남미 페루 빈민가에서 가난한 사람들과 함께 살면서 그들에게 예수님의 사랑을 전했던 헨리 나우웬(Henry Nouwen)이 쓴 책입니다. 헨리 나우웬은 혁명을 통해서 세상을 변화시키려고 한 것이 아니라 가난한 사람과 함께 살면서 그들에게 진정 필요한 것은 예수님 이야기임을 깨닫고 그들에게 주님의 사랑을 전했던 사람입니다.

예수님은 우리처럼 고난을 당하셨고, 배고픔을 아시며, 정복당한 백성의 아픔을 아시는 분이기 때문에 우리가 많은 말을 하지 않아도 우리의 눈물을 아시고, 우리를 위로하시며, 참 생명의 길로 우리를 인도해 주시는 진정한 해방자요, 우리를 자유케 하시는 분입니다. 상처 입은 치유자였던 예수님의 이야기를 통해서 영혼의 안식을 얻고, 모든 인생의 시험으로부터 진정으로 해방되는 참된 자유인이 되시기를 바랍니다.

사환과 맏아들

그러므로 함께 하늘의 부르심을 받은 거룩한 형제들아 우리가 믿는 도리의 사도이시며 대제사장이신 예수를 깊이 생각하라 그는 자기를 세우신 이에게 신실하시기를 모세가 하나님의 온 집에서 한 것과 같이 하셨으니 그는 모세보다 더욱 영광을 받을 만한 것이 마치 집 지은 자가 그 집보다 더욱 존귀함 같으니라 집마다 지은 이가 있으니 만물을 지으신 이는 하나님이시라 또한 모세는 장래에 말할 것을 증언하기 위하여 하나님의 온 집에서 종으로서 신실하였고 그리스도는 하나님의 집을 맡은 아들로서 그와 같이 하셨으니 우리가 소망의 확신과 자랑을 끝까지 굳게 잡고 있으면 우리는 그의 집이라 그러므로 성령이 이르신 바와 같이 오늘 너희가 그의 음성을 듣거든 광야에서 시험하던 날에 거역하던 것같이 너희 마음을 완고하게 하지 말라 거기서 너희 열조가 나를 시험하여 증험하고 사십 년 동안 나의 행사를 보았느니라 그러므로 내가 이 세대에게 노하여 이르기를 그들이 항상 마음이 미혹되어 내 길을 알지 못하는도다 하였고 내가 노하여 맹세한 바와 같이 그들은 내 안식에 들어오지 못하리라 하였다 하였느니라 형제들아 너희는 삼가 혹 너희 중에 누가 믿지 아니하는 악한 마음을 품고 살아 계신 하나님에게서 떨어질까 조심할 것이요 오직 오늘이라 일컫는 동안에 매일 피차 권면하여 너희 중에 누구든지 죄의 유혹으로 완고하게 되지 않도록 하라 우리가 시작할 때에 확신한 것을 끝까지 견고히 잡고 있으면 그리스도와 함께 참여한 자가 되리라 성

경에 일렀으되 오늘 너희가 그의 음성을 듣거든 격노하시게 하던 것같이 너희 마음을 완고하게 하지 말라 하였으니 듣고 격노하시게 하던 자가 누구냐 모세를 따라 애굽에서 나온 모든 사람이 아니냐 또 하나님이 사십 년 동안 누구에게 노하셨느냐 그들의 시체가 광야에 엎드러진 범죄한 자들에게가 아니냐 또 하나님이 누구에게 맹세하사 그의 안식에 들어오지 못하리라 하셨느냐 곧 순종하지 아니하던 자들에게가 아니냐 이로 보건대 그들이 믿지 아니하므로 능히 들어가지 못한 것이라 (히 3:1–19)

사람들이 모여서 예수님의 직업에 대한 논쟁을 했다고 합니다. 현직 목수들이 "예수님은 분명히 목수셨어. 목수 중에서도 대목(大木)이었지. 우리가 예수님의 가업을 계승한 그의 후예들이다"라고 주장했습니다. 의사들은 "예수님은 많은 병자를 고치셨으니 의사 중에서도 대의원이셨지. 우리가 진정으로 예수님의 후예다"라고 했습니다. 목사들은 "예수님은 말씀 전하시는 일을 주로 하셨으니까 예수님은 목사님이셨어. 그러니까 우리가 진짜 예수님의 후예다"라고 했습니다. 조용히 듣고 있던 한 노숙자가 점잖게 예수님 말씀을 인용하기를 "여우도 굴이 있고 공중의 새도 집이 있지만 인자는 머리 둘 곳이 없다고 말씀하셨으니, 예수님은 분명히 노숙자의 원조였어. 우리가 주님의 뒤를 따르는 참된 제자야!!!"라고 했답니다.

전에 섬기던 교회에서 목회자들과 모여 앉아 이런저런 이야기를 하다가 제가 우리나라에서는 이(李)씨들이 예수님의 후예라고 했습니다. 왜냐하면 이(李)자가 나무(木)에 달린 아들(子)이니까 예수님이 아니냐고 했습니다. 제가 이렇게 말했더니 곁에 있던 박 목사님이 우리 박(朴)씨도 예수님의 제자라고 했습니다. 왜냐하면 나무(木)를 지고 가는 사람(人)이니까. 그 자리에 밭 전(田) 자를 쓰시는 전 전도사님이 계셨는데 자기도 예수님의 제자라고 했습니다. 당신은 왜 예수님의 제자냐고 물었더니 입(口)을 열어 말할 때마다 십자가(十)를 말하니까 예수님의 제자라고 했습니다. 논리가 좀 궁색하기는 하지만 어떻게든 자기를 애써 예수님과 연관 지어 보려는 마음은 귀하다고 생각했습니다.

예수님은 나는 선한 목자라고 하셨지만 양을 치는 전업 목자는 아니었습니다. 어부 출신의 제자들에게 많은 고기를 잡을 수 있도록 코치하셨지만 어부는 아니었습니다. 예수님은 진리를 가르치셨지만 단순한 랍비는 아니었습니다.

그렇다면 진정 예수님의 직업은 무엇이었고, 무슨 일을 하신 분입니까? 본문 1절 맨 마지막에 "예수를 깊이 생각하라"고 했습니다. 깊이 생각해 보면 놀라운 진리를 발견할 수가 있습니다.

아이작 뉴턴은 사과나무에서 사과가 떨어지는 것을 보고 만유인력이 있다는 사실을 발견했습니다. '만유인력의 법칙'이 세상에 알려지자 큰 센세이션이 일어났습니다. 어느 기자가 뉴턴을 찾아와서 물었습니다.

"선생님, 사과가 나무에서 떨어지는 것은 어제 오늘의 일이 아닌데, 어떻게 거기서 이 위대한 원리를 발견하셨습니까?"

이 질문에 뉴턴이 대답했습니다.

"예, 저는 언제나 그것만 생각하고 있었기 때문입니다."

무엇이든지 깊이 생각해 보면 놀라운 진리를 발견할 수 있습니다.

> "그러므로 함께 하늘의 부르심을 받은 거룩한 형제들아 우리가 믿는 도리의 사도이시며 대제사장이신 예수를 깊이 생각하라"(1절).

여기서 '깊이 생각하라'는 예수 그리스도에게 생각을 집중하라는 말입니다. 뉴턴의 표현을 빌리자면, 항상 예수님을 생각하라는 말입니다.

히브리서가 기록될 당시에 '절대적인 것을 부정하고, 진리를 상대화'하는 풍조가 있었습니다. 절대성을 부인하고 모든 것을 상대화하는 것입니다.

《그리스 로마 신화》를 읽어보면 신들의 이야기가 나오는데, 거기 나오는 신들은 시집가고 장가가고, 자식도 낳고 거의 사람들과 비슷합니다. 여러 신들을 다 인정하고 같이 섬기는 다신교(多神教)입니다. 그들은 신들을 상대화했습니다. 그러나 기독교는 유일신관(唯一神觀)을 주장합니다. 하나님을 유일무이한 절대자로 고백합니다.

그들은 예수님에 대해서도 '선지자나 위대한 인물 중의 한 사람이겠지. 그것도 아니면 그리스의 그 흔한 신들 중의 하나겠지 뭐' 이런 정도로 생각했습니다. 이런 사람들에게 예수님이 어떤 분이신지를 깊이 생각해 보라고 권면하고 있습니다.

이스라엘 역사에서 가장 중요한 사건이 무엇일까요? 출애굽 사건입니다. 정식으로 이스라엘이라는 나라를 건국한 사건입니다. 이런 의미에서 첫 번째 유월절은 우리의 개천절과 같다고 할 수 있습니다. 그렇기 때문에 유대인들이 가장 위대한 인물로 보는 사람이 모세입니다.

모세가 어떤 사람입니까? 그는 애굽의 바로가 히브리의 남자아이들은 다 죽이라는 명이 내려졌던 때 태어났습니다. 당시 히브리 산파들은 십브라와 부아였습니다. 이들이 모세가 태어났을 때 죽이지 않고 살렸습니다. 그래서 모세의 어머니가 세 달을 숨겨 키우다가 결국 갈대상자에 넣어 나일 강에 버렸습니다.

이때 바로의 딸이 목욕하다가 이 갈대상자에서 모세를 발견하고 "히브리 사람의 아이로다"라고 했습니다. 히브리 아이라는 것을 첫눈에 알았습니다. "어떤 사람이 몰래 낳아 키우다가 버렸어?" 하고 조사했으면 이 아이가 태어날 때 도왔던 산파들, 그리고 모세의 부모가 다 처형당할 판입니다. 그런데 공주가 히브리 아이라는 사실을 알고도 그를 자기 궁에 데려가서 키우겠다고 했습니다. 이 공주가 아이를 낳지 못하던 여인도 아니었죠?

바로의 왕궁에는 모세의 배다른 형제들도 있었습니다. 공주는 히브리 여인 중에서 유모를 불러다가 젖을 먹였습니다. 그래서 모세는 자기 어미의 품에서 엄마의 젖을 먹으며, 살기는 바로의 왕궁에서 왕자로 대우받으며 살았습니다. 태어나자마자 죽었어야 할 사람이 이렇게 된 것은 정말 재수가 좋은 것이었습니다. 세상에 모세처럼 횡재한 사람은 역사상 둘도 없을 것입니다.

이렇게 생명을 구하고 40년을 이집트의 왕자로 자랐습니다. 그러다가 자기에게 주어진 권리를 스스로 포기하고 이스라엘 백성들과 함께 고난 받는 길을 택했습니다(히 11:24-26). 40년을 장인 이드로의 양을 치는 목동으로 살았습니다. 결국 가시떨기 나무 불꽃 가운데서 하나님의 부르심을 받고 이스라엘 백성들을 이집트에서 구출해내는 출애굽의 영웅이 됩니다. 시내산에서 40일 동안 하나님을 대면하여 보았고, 율법을 받았습니다. 그리고 그는 모세5경의 저자가 됩니다. 명심보감이나 사서삼경이 동양 사람들의 가장 고전인 것처럼, 모세5경은 이스라엘 백성들에게는 유일무이한 표준이었습니다.

모세는 광야 40년 동안 남자 장정만 60만 대군을, 어린이와 노인들, 여자를 포함하면 최소한 200만은 훨씬 넘는 사람들을 이끌고 가나안 땅을 향하여 나갔던 민족의 지도자입니다. 그런데 모세가 어떻게 죽었죠? 느보 산 꼭대기에서 120세에 죽었습니다. 신명기 34장 6절을 보면, 모세는 벧브올 맞은편 모압 땅 어느 골짜기에 묻혔는데, 지금까지 그의 무덤이 어디에 있는지 아는 사람이 없다고 했습니다. 모세는 무덤이 없는 사람입니다. 무덤이 없는 사람이라고 하니까 확 무슨 느낌이 오지 않습니까? 빈 무덤의 주인공이 누구입니까? 예수님입니다. 모세는 예수님의 그림자입니다. 모세가 그림자라면 그 원형은 예수님입니다.

모세의 율법은 복음의 그림자입니다. 홍해를 건넌 사건은 세례를, 가나안을 향한 광야 40년은 천국을 향한 여정을, 만나는 하나님의 말씀을, 성막(성전)은 교회를, 요단강을 건넌 것은 성도들의 죽음을, 가나안 땅은 천국을 의미합니다. 가나안 정복은 누가 했습니까? 여호수아입니다. 모세는 요단 강 동편까지 이스라엘 백성을 인도했고 여호수아가 요단강 넘어 가나안 땅으로 인도했는데, 여호수아와 예수는 같은 이름입니다. 그러니까 율법의 사명은 요단 동편까지 인도하는 몽학선생이라면 실제 가나안 땅에 우리를 인도하실 분은 예수님입니다.

예수님은 모세보다 더욱 영광을 받으실 만한 분이라고 하면서, 모세와 예수님을 두 가지 비유를 들어 비교했는데, 첫째는 집 지은 자가 집보다 더욱 존귀함과 같다고 했습니다(3-4절). 집이 아무리 귀하다고 해서 집을 지은 사람보다 더 귀하겠습니까? 모세를 집에 비한다면 예수님은 집을 지은 건축자라는 뜻입니다.

또 모세는 그 집의 사환이라면 예수님은 그 집의 맏아들이라고 했습니다. 모세는 그 집에서 종으로 일했다면 예수님은 아들로서 일을 하셨습니다(5-6절). 그 집의 맏아들과 사환을 비교할 수 있겠습니까?

예수님은 이스라엘 민족의 최고 지도자라고 할 수 있는 모세와는 비교할 수 없이 크고 위대하신 분입니다. 모세가 하나님의 사람이었다면 예수님은 하나님 자신이십니다. 모세가 타락한 아담의 후손이었지만 예수님은 죄와 흠이 없으시고 거룩하셨습니다. 모세가 이집트에서 이스라엘을 구원했다면, 예수님은 영원히 타는 지옥 불 속에서 택한 백성들을 건져내셨습니다. 모세가 땅에 장막을 지었다면 예수님은 우리를 위해 하늘 높은 곳에 처소를 예비하고 계십니다.

모세는 이스라엘을 인도하여 광야를 건넜으나, 가나안 땅으로 들어가지는 못했습니다. 이 말은 모세는 위대한 하나님의 종이었지만, 그는 메시아가 아니라는 아주 명백한 증거입니다. 그러나 예수님은 우리를 영원한 하나님의 나라로 인도해 가시는 참 메시아이십니다.

본문 7절 이하는 시편 95편 7-11절을 인용한 것입니다.

> "오늘 너희가 그의 음성을 듣거든 광야에서 시험하던 날에 거역하던 것같이 너희 마음을 완고하게 하지 말라"(7-8절).

여기서 광야에서 시험하던 날에 거역했다고 했는데, 이는 므리바와 맛사에서 있었던 사건을 말합니다. 므리바에서 어떤 일이 있었습니까?

이스라엘 백성들이 므리바에 이르렀을 때 물이 없어서 모세를 원망하고 불평하기를 "우리 형제들이 여호와 앞에서 죽을 때에 우리도 같이 죽었더면 좋을 뻔하였도다"라고 했습니다. '우리 형제들'이라고 했는데, 이는 이스라엘 백성들이 아니라 애굽 사람들을 말합니다. 이스라엘 백성들이 원망이 가득 차니까 애굽 사람들을 자기 형제라고 부르고 있습니다.

또 '여호와 앞에서 죽을 때'라고 했는데 애굽에 내렸던 10번째 재앙인 장자의 죽음을 말합니다. 그때 우리도 같이 죽었으면 좋았을 것이라고 했습니다. 그러면서 "너희가 어찌하여 여호와의 총회(백성)를 이 광야로 인도하여 우리와 우리 짐승으로 여기서 죽게 하느냐?"라고 하면서 불평했습니다.

모세가 이때 어떻게 했습니까? 회막 문 앞에 엎드렸고 하나님은 모세에게 "그들의 목전에서 반석을 명하여 물을 내라"고 했습니다. 이때 모세가 아주 큰 실수를 범했습니다. 이스라엘 온 회중을 모아 놓고 "패역한 너희여 우리가 너희를 위하여 이 반석에서 물을 내랴?" 하면서 손을 들어 반석을 두 번 쳤습니다. 다행히 물이 반석에서 나오기는 했지만, 결국 이 사건 때문에 모세가 가나안 땅에 들어가지 못하게 되었습니다. 그리고 그곳 이름을 므리바라 했습니다. 하나님과 다투었다는 뜻입니다.

너희가 모세와 함께 광야를 가다가 므리바에서는 반역하고 하나님을 거역했지만, 이제 모세보다 훨씬 뛰어나신 예수님의 음성을 들을 때에는 그때처럼 마음을 강퍅하게 하지 말고 주님의 음성에 귀를 기울이고 순종하라는 뜻입니다.

모세와 함께 출애굽했던 사람들은 사실은 가나안 땅에 들어가지 못했습니다. 여호수아와 갈렙을 제외하고는 다 광야에 죽었습니다. 광야에서 반역했던 사람들은 모두 가나안 땅의 주인공이 될 수 없었습니다. 마찬가지로 예수님의 말씀에 온전히 순종하지 않으면 천국의 주인공이 될 수 없습니다. 그래서 본문 12절 이하는 예수님의 음성을 듣고 온전히 순종함으로 천국의 주인공이 되기를 소망하는 사람들이 이 세상에 살면서 힘써야 할 구체적인 일들을 제시하고 있습니다.

1. “살아 계신 하나님에게서 떨어질까 조심하라”

히브리서 6장 4-6절에 한번 빛을 받고 하늘의 은사를 맛보고 타락한 자들은 다시 새롭게 하여 회개하게 할 수 없다고 했습니다. 생명줄을 놓치지 않도록 삼가 조심해야 합니다.

예수 믿는 것은 천국 가는 보험을 들어두는 것이 아닙니다. 한번 들어두면 언제든지 죽기만 하면 천국에 가는 것이 아닙니다. “중·고등학교 때 미션스쿨에 다녔으니까 천국 가겠지. 내 아내가 예수 믿는데 설마 혼자 가겠어요? 우리 아이들을 다 교회 보냈는데, 천국 갈 때 자기들끼리만 가겠어요?” 다 착각입니다.

구원은 자기 믿음으로 받습니다. 자기 어머니 믿음으로 내가 구원받을 수 없습니다. 믿음은 현재적인 것이어야 합니다. 과거의 믿음으로 구원받을 수 없습니다. 믿음은 생명에 관한 것이고, 생명은 숨 쉬는 동안에만 살아 있는 것이지, 어제까지는 분명히 숨을 쉬고 있었는데 오늘 숨을 멈추면 바로 그 순간 죽는 것입니다. 과거의 믿음이 오늘 나를 구원할 수 없습니다. 여전도회 회장을 했었다는 과거의 경력이 자기를 구원할 수 없습니다. 그러니까 하나님에게서 떨어지지 않도록 날마다 깨어서 삼가 조심하고 생명줄을 붙잡아야 합니다.

2. "죄의 유혹에 빠져들지 않도록 피차 권면하라"

구원받은 이후에도 언제든지 죄의 유혹에 빠질 가능성은 항상 있습니다. 우리는 무균실에서 사는 사람들이 아닙니다. 굶주린 사자가 먹을 것을 찾는 것과 같은 유혹과 시험이 많은 세상에 우리가 살고 있습니다.

"피차 권면하라"(13절)라고 했는데 공동체로 엮어져야 합니다. 죄는 항상 혼자 있을 때 찾아옵니다.

사자들이 얼룩말을 사냥할 때 함께 있으면 얼룩말의 줄무늬가 어른거려서 도저히 잡을 수 없다고 합니다. 그래서 사자들이 얼룩말 무리들을 몰아붙이다가 무리에서 이탈하는 것이 생기면 그것을 따라가서 잡는다고 합니다.

영혼의 사냥꾼이라 할 수 있는 이단자들도 교회 무리에서 이탈해서 혼자 떨어져 있는 사람을 미혹해서 결국 넘어뜨립니다.

"또 두 사람이 함께 누우면 따뜻하거니와 한 사람이면 어찌 따뜻하랴 한 사람이면 패하겠거니와 두 사람이면 맞설 수 있나니 세 겹줄은 쉽게 끊어지지 아니하느니라"(전 4:11-12)고 했습니다. 유혹에 빠져들지 않도록 항상 교회 공동체 안에 거해야 합니다.

3. "시작할 때에 확신한 것을 끝까지 견고하게 잡아라"

계시록 2장에서 에베소 교회를 책망하면서 "처음 사랑을 버렸느니라"고 하면서 "처음 행위를 회복하라"고 했습니다. 만일 회개하지 아니하면 네 촛대를 그 자리에서 옮기리라고 했습니다.

여기 에베소교회와 같이 용두사미(龍頭蛇尾)가 되는 경우가 있습니다. 작은 불꽃 하나가 큰 불을 이루듯이 점점 더 열심을 내야 하고, 더 잘해야 하고, 더 성장해야 합니다. 일일신(日日新)하고 우일신(又日新)해야 합니다. 여러분 모두 영광스런 천국의 주인공이 되는 소망을 가슴에 품고 날마다 믿음의 진보가 이루어지시기를 바랍니다.

안식의 참된 의미

그러므로 우리는 두려워할지니 그의 안식에 들어갈 약속이 남아 있을지라도 너희 중에는 혹 이르지 못할 자가 있을까 함이라 그들과 같이 우리도 복음 전함을 받은 자이나 들은 바 그 말씀이 그들에게 유익하지 못한 것은 듣는 자가 믿음과 결부시키지 아니함이라 이미 믿는 우리들은 저 안식에 들어가는도다 그가 말씀하신 바와 같으니 내가 노하여 맹세한 바와 같이 그들이 내 안식에 들어오지 못하리라 하셨다 하였으나 세상을 창조할 때부터 그 일이 이루어졌느니라 제칠일에 관하여는 어딘가에 이렇게 일렀으되 하나님은 제칠일에 그의 모든 일을 쉬셨다 하였으며 또다시 거기에 그들이 내 안식에 들어오지 못하리라 하였으니 그러면 거기에 들어갈 자들이 남아 있거니와 복음 전함을 먼저 받은 자들은 순종하지 아니함으로 말미암아 들어가지 못하였으므로 오랜 후에 다윗의 글에 다시 어느 날을 정하여 오늘이라고 미리 이같이 일렀으되 오늘 너희가 그의 음성을 듣거든 너희 마음을 완고하게 하지 말라 하였나니 만일 여호수아가 그들에게 안식을 주었더라면 그 후에 다른 날을 말씀하지 아니하셨으리라 그런즉 안식할 때가 하나님의 백성에게 남아 있도다 이미 그의 안식에 들어간 자는 하나님이 자기의 일을 쉬심과 같이 그도 자기의 일을 쉬느니라 그러므로 우리가 저 안식에 들어가기를 힘쓸지니 이는 누구든지 저 순종하지 아니하는 본에 빠지지 않게 하려 함이라 (히 4:1–11)

현대인들에게 있어서 가장 문제가 되고 있는 것은 스트레스입니다. 스트레스를 많이 받으면 감각기능이 떨어지고, 기억력이 둔화되고, 사고력이 감퇴하고, 삶의 효율성이 떨어집니다. 뿐만 아니라 육체에 직접적인 영향을 끼쳐서 고혈압, 심장마비, 위궤양, 불면증, 알코올 중독 등의 직접적 원인이 된다고 합니다. 그래서 현대인이 앓고 있는 모든 질병의 원인 70% 이상이 스트레스 때문이라고 합니다.

이 스트레스를 풀기 위해서 발달한 것이 여가생활입니다. 갖가지 문화 활동, 레크리에이션, 취미활동, 휴가, 여행 등은 자기도 모르게 쌓인 스트레스로부터 벗어나기 위함입니다.

요즘 사람들이 습관적으로 제일 많이 사용하는 단어가 무엇인지 아십니까? "피곤하다", "힘들어 죽겠다"입니다. 심지어 어린아이들도 "엄마, 피곤해" 하며 "짜증난다"는 말을 입에 달고 삽니다.

스트레스와 피곤함이 현대인에게 심각한 문제가 되고 있는 것은 세상이 사람들을 무한 경쟁 속으로 몰아붙이기 때문입니다. 역사는 어떻게 보면 속도의 전쟁이었다고 할 수 있습니다. 세계사를 보면 속도를 장악한 사람이 세계를 제패했습니다. 몽고의 징기스칸이 기마군대를 이끌고 그 넓은 중원을 다 정복했고, 증기기관을 개발해서 바다를 제패했던 대영제국이 거의 전 세계를 식민지화할 정도로 세력을 확장했고, 독일은 내연기관 즉 엔진을 개발해서 장갑차와 같은 기갑부대로 무장해서 세계를 정복하겠다고 제2차 세계대전을 일으켰고, 음속을 훨씬 뛰어넘는 전투기와 미사일을 개발해서 미국은 세계 제일의 패권국가가 되었습니다. 뿐만 아니라 현재는 사이버스페 이스에서 정보처리의 속도 전쟁이 치열하게 벌어지고 있습니다.

물리학에서는 힘은 질량에는 비례하고, 속도는 질량의 제곱에 비례한다고 합니다. 쉽게 말하면 골프공을 칠 때, 천천히 툭 치는 것과 빨리 치는 것 중에 무엇이 더 멀리 나가겠습니까? 결국 속도가 빨라지면 많은 힘을 낼 수가 있고, 그 힘으로써 주어진 시간 안에 많은 일들을 할 수 있습니다. 시간은 늘릴 수도 줄일 수도 없으니까 빨리 달리고 빨리 일하고, 그래서 많은 것을 만들어 내면, 결과적으로 시간을 늘리는 셈이요, 오래 사는 셈이 됩니다. 그런 의미에서 속도는 시간을 창조하고, 생명을 연장하는 효과를 가져온다고 할 수 있습니다. 그래서 사람들이 "빨리빨리" 하면서 자꾸 몰아붙이고 있습니다.

우리가 이 거대한 도시에서 마치 부속품처럼 맞물려 정신없이 돌아가고 있는데, 과연 우리는 무엇을 위해 달리고 있습니까? 좀더 풍성한 삶을 위해 달려가는 것입니까? 여유와 안식을 위한 질주입니까? 향락과 소비를 위해서입니까? 속도 그 자체의 짜릿한 쾌감을 위해서입니까? 아니면 혹시 죽음을 향한 질주를 하고 있는 것은 아닙니까?

남들이 다 뛰니까 나도 덩달아 같이 뛸 것이 아니라, 잠깐 멈추어서서 인생을 진지하게 생각해 봐야 합니다. 분명한 목적의식이 없이 무작정 달리는 것은 파멸을 향한 질주에 불과합니다.

아메리카 인디언들은 말을 타고 한참 달려가다가 잠깐 멈추어 선답니다. 왜냐하면 아직 미처 따라오지 못한 자기 영혼을 기다리기 위해서랍니다. 멋있죠? 멈추어 설 수 있는 지혜와 용기가 필요합니다.

이스라엘 백성들은 보름이면 충분히 갈 수 있는 가나안 땅을 무려 40년이나 걸려 들어갔습니다. 하나님은 광야를 질풍노도처럼 초고속으로 달려가서 가나안을 순식간에 점령하게 하시지 않았습니다. 하나님은 우리가 생각하는 것보다 훨씬 느리신 분입니다.

남보다 빨리 가려는 마음, 남보다 조금 높은 곳에 먼저 올라가서 지배하려는 마음, 남보다 빨리 더 많은 것을 소유하려는 마음, 이런 것들이 인간을 무한 속도경쟁으로 몰아가고 있고, 결국 그렇게 하다가는 파국을 초래하게 될 것입니다. 이러한 무한 경쟁에서 어떻게든 이겨야 한다는 생각을 버려야 안식을 얻을 수 있습니다. 빨리 부자가 되겠다는 생각을 버려야 일하는 기쁨을 회복할 수 있습니다. 쉽게 살겠다는 생각을 버려야 하나님이 주시는 평안을 맛보게 될 것입니다. 이 세상에서 쾌락을 누리며 살겠나는 마음을 버려야, 이 세상에서도 천국의 기쁨을 맛보게 될 것입니다.

오늘 본문에 자꾸 반복되어 나오는 말이 무엇입니까? '안식'이라는 말이 여덟 번 나옵니다. 4절에 "하나님은 제칠일에 그의 모든 일을 쉬셨다"는 것까지 합치면 안식이란 말이 전부 아홉 번 나온다고 할 수 있습니다. 말이 대단히 복잡하게 기록되어 있기는 하지만 본문은 안식에 대한 이야기를 다루고 있는 것 같습니다.

안식은 헬라어로 카타파우시스(katapausis)인데, 참된 안식의 의미가 무엇인지 말씀드리겠습니다.

1. 안식은 하나님의 창조물 중의 하나입니다

하나님은 엿새 동안 천지를 창조하시고 제7일에 안식하셨다고 합니다. 하나님이 엿새 동안 세상을 창조하시고, 너무 피곤하셔서 제7일에 쉬셨을까요?

하나님은 휴식이 필요한 육체를 가지신 분도 아닌데 왜 제7일을 쉬셨을까요? 이것은 하나님이 지쳐서 쉬신 것이 아니라 제6일에는 사람을 창조하신 것같이, 제7일은 안식을 창조하신 날입니다. 쉼은 하나님의 창조물 중의 하나입니다.

하나님께서는 휴식과 일의 조화를 창조세계에 심어주셔서 하나님의 자녀들이 일과 휴식의 리듬을 찾아 삶을 풍성하게 하기를 원하셨습니다. 일하다가 지쳐서 쉬는 것이 아니라 안식 그 자체가 하나님의 창조의 목적이었다는 것을 기억하십시오.

하나님은 일하시는 분임과 동시에 쉬시는 하나님입니다. 그렇기 때문에 쉼은 일하는 것과 똑같이 중요한 다른 측면입니다.

예전에 어떤 분이 저를 찾아와서 심각하게 자기 고민을 토로하였습니다. 자기는 예배시간에 설교가 시작되면 졸음이 쏟아져서 너무 힘이 든다는 것입니다. 직분을 맡은 사람으로서 그 졸음을 쫓아 내려고 그렇게 애를 써도 안 된다고 했습니다. 그래서 자기 생각에 '이거 혹시 마귀의 장난이 아닐까?' 하는 생각까지 들었다는 것입니다. 언젠가 누구에게 들으니까 졸음 마귀가 있다고 하던데 그 마귀가 자기에게 들어온 것이 아닐까 싶다면서 목사님이 이 졸음 마귀를 쫓아 달라고 했습니다.

제가 그분에게 "불면증 마귀는 혹시 있을지 몰라도 졸음 마귀가 어디 있습니까? 하나님이 사랑하시는 자에게 잠을 주신다고 했는데, 집사님은 하나님이 특별히 설교시간에 집중적으로 사랑하는 사람이니까 걱정하지 마시고 편안히 주무십시오"라고 했습니다. 그랬더니 이 사람이 희색이 만발해서 그러면 앞으로도 계속 설교시간에 자도 괜찮겠느냐고 물었습니다. 그래서 제가 주무시더라도 꼭 교회에 오셔서 주무시고, 잠꼬대만 하지 말고 요령껏 주무시라고 했습니다.

여러분, 교회는 영적 쉼터입니다. 저는 우리 교회가 여러분의 친정집이나 고향 같이 편안한 곳이었으면 좋겠습니다.

고든 맥도날드 목사님이 "병든 사람의 증상"을 두 가지로 말했는데, 첫째는 목적 없는 분주함이라고 했습니다. 이유도 없이 괜히 바쁜 것입니다. 둘째는 자신의 영혼을 관리할 수 없을 정도로 빽빽한 스케줄이라고 했습니다. 너무 바빠서 하나님을 묵상할 수 있는 시간을 전혀 낼 수 없는 사람은 분명히 영적으로 병든 사람입니다.

휴식은 사치가 아닙니다. 내면의 성장과 영적 성숙을 위해 꼭 필요합니다. 자동차 왕 헨리 포드는 "일만 알고 휴식을 모르는 자는 마치 브레이크가 고장 난 자동차처럼 위험하기 짝이 없다"라고 했습니다.

안식은 하나님의 창조물 중의 하나입니다. 안식의 기쁨을 마음껏 누리시기를 바랍니다.

2. 참된 안식은 내 영혼을 예수님께 집중하는 것입니다

쉼은 반드시 필요합니다. 그러나 현대인의 문제는 하나님이 주신 휴식을 오락으로 바꿔버렸습니다. 여가나 오락이 육체에 초점이 있다면 참된 안식은 영혼의 초점을 주님께 맞추는 것입니다.

안식은 단순히 일을 중단하는 것이 아닙니다. 그 영혼을 예수님에게 집중하는 것입니다. 예수님에게 집중하는 사람은 분명히 예수님 안에 있는 참된 안식을 누릴 수 있습니다.

예수님에게 집중하면 영혼의 쉼을 누릴 수 있습니다. 하나님께 나와서 예배하고 주의 이름을 부르며 찬송하는 가운데, 또 하나님의 말씀을 듣는 가운데 우리의 영혼은 새 힘을 얻습니다. 또한 엿새 동안 세상의 가치관에 찌들었던 우리의 'physical' 육체 주도적 인간이 'spirit' 영 주도적 인간으로 소생합니다. 그리고 내가 하나님의 사람됨을 확신하게 되고, 세상 그 어디에서도 맛볼 수 없었던 놀라운 평강을 체험하게 됩니다. 이것이 그의 백성들에게 주시고자 하는 축복의 본질입니다.

또한 우리의 마음도 쉬게 해줍니다. 마음이 쉬는 방법은 무엇일까요? 만남을 통해서입니다. 하나님을 만나고, 이웃을 만나고, 성도들을 만나고, 그리고 서로를 위해 봉사하고, 희생하며 남을 도와주는 그런 만남과 봉사를 통하여 우리의 마음은 굳었던 부분이 풀어지면서 평화를 얻게 됩니다. 내 삶의 존재 의미를 확인하기 때문입니다. 이것이 마음의 쉼을 얻는 방법입니다.

마지막으로는 육체도 쉬게 해줍니다. 우리는 쉰다고 하면 꼼짝하지 않고 잠만 자는 것을 쉬는 것으로 생각하기 쉬운데, 적극적인 의미의 쉼이란 그렇지 않습니다. 나의 평소의 생활과 패턴을 다르게 하는 것이 사실은 육체적으로도 새 힘을(refresh) 얻게 되는 방법입니다.

운동을 해 보면, 분명히 땀이 나고 힘이 들기 때문에 훨씬 더 피곤해질 것 같지만 그것이 오히려 육체에 굉장한 신선함을 주는 것을 느낄 수 있습니다. 6일 동안 세상에서 하던 일과 다른 패턴의 일을, 다른 목적을 위해서 하면 오히려 육체적으로도 새 힘을 얻는 놀라운 안식을 경험하게 될 것입니다.

대표적인 예는 주일날 교회에서 봉사하는 것입니다. 세상에서 하던 일과는 전혀 다른 패턴의 일이고, 전혀 다른 목적을 가진 사역이기 때문에 오히려 주일날 교회에서 봉사를 통해서 참된 육체의 쉼을 경험하게 됩니다.

미국의 사회학자 월레스는 내용과 형식에 대한 연구로 유명한 사람입니다. 내용과 형식의 상관관계에 대하여 연구한 사람입니다.

그는 첫째로 내용이 유지되려면 형식은 늘 변해야 한다고 했습니다. 자식을 향한 부모의 사랑을 예로 들어 봅시다. 아이가 다섯 살쯤 되면 안아주고 뽀뽀해 주면 됩니다. 신체 접촉으로 부모와 자식 간의 사랑이 충분합니다. 그러나 이 아이가 자라서 열다섯 살 정도 되면, 다섯 살 때 했던 방식을 계속 사용해서는 안 됩니다. 이 아이는 더 이상 그런 방식으로 부모의 사랑을 느끼지 못하고, 오히려 귀찮

아하고 싫어합니다. 청소년 자녀들과는 친구처럼 대화 상대가 되어 주고, 그 말을 잘 들어주는 것이 그를 사랑하는 방식입니다. 같은 내용을 전달하더라도 시대와 상황에 따라서 형식이 변화되어야 한다는 말입니다.

둘째로 형식이 없으면 내용도 사라집니다. 형식은 내용을 담는 그릇입니다. 그렇기 때문에 그릇이 없어지면 실제로 내용도 없습니다. 어떤 가정주부가 자기 생일이 돼서 '오늘 저녁에는 남편이 꽃바구니 하나쯤은 가져오겠지' 하고 기대를 했습니다. 그런데 남편이 빈손으로 쫄레쫄레 들어왔습니다.

"여보, 오늘이 무슨 날인지 아세요?"

"내가 왜 몰라, 당신 생일이지."

"아니, 알면서 꽃 한 송이 못 사옵니까?"

"내가 당신 사랑하는 줄 몰라서 그래? 벌어다가 다 갖다 줬잖아. 그런데 뭘 새삼스럽게 꽃을 찾아? 당신이 애요?"

이 남편의 말에서 틀린 것은 없습니다. 그러나 아내는 자기를 사랑한다는 남편의 말이 전혀 가슴에 와 닿지 않습니다. 사실 형식이 없으면 내용도 없습니다.

왜 하나님께서 안식일 법을 제정하셨을까요?

왜 우리는 주일을 안식일의 개념으로 지킬 필요가 있습니까?

주일은 참된 쉼을 위한 틀과 같습니다. 형식이 없으면 내용도 없듯이, 주일이라는 틀이 없으면 참된 쉼을 누릴 수 없습니다. 그래서 우리는 주일을 구별하여 교회에서 지킬 필요가 있습니다.

세상일에 분주해서 주일을 소홀히 여기는 것은 분명히 어리석은 일입니다. 무조건 일을 열심히 한다고 해서 다 열매가 되는 것이 아닙니다. 혹시 열매를 많이 맺었다 하더라도 그 풍성함을 누릴 수 있는 것도 아닙니다. 정말 중요한 것은 우리의 영과 육이 주님이 주시는 참된 쉼과 행복을 누리는 것입니다. 이것은 안식일의 주인이신 예수님을 떠나서는 결코 누릴 수 없습니다.

주일은 세속에 속한 일들을 다 접어두고, 예수님께 나와서 주님에게 집중해야 합니다. 그럴 때 주님이 누리셨던 참된 자유와 행복을 누리게 됩니다. 그리고 그러한 기쁨을 누려야 또 한 주간 동안 세상에서 능력 있는 삶을 살 수 있습니다. 여러분의 삶에 축복이 임하고, 건강과 평화 행복이 따르게 됩니다.

3. 안식은 예수님이 누리셨던 평안 속으로 들어가는 것입니다

요한복음 14장 27절에서 "평안을 너희에게 끼치노니 곧 나의 평안을 너희에게 주노라 내가 너희에게 주는 것은 세상이 주는 것과 같지 아니하니라 너희는 마음에 근심하지도 말고 두려워하지도 말라"고 하셨습니다. 여기서 예수님은 '나의 평안'이라고 했습니다. 평안의 주인이 예수님이시라는 말입니다.

주님이 주시겠다는 평안은 어떠한 상황에서도 깨지지 않고 흔들리지 않는 절대적인 평안입니다. 예수님과 제자들이 갈릴리 바다를 건너시는데, 갑자기 풍랑이 일어 배에 물이 가득 차게 되었습니다. 이때 제자들은 다 죽는다고 아우성을 치며, 두려움에 떨고 있었습니다. 그런데 그때 예수님은 어떻게 하고 계셨습니까?

통성기도 하고 계셨습니까? 아닙니다. 주무시고 있었습니다. 다른 사람들은 다 죽는다고 아우성치는데 예수님은 마음에 조금도 요동함이 없이 깊은 잠에 빠져 있었습니다. 이것이 풍랑 속에서도 조금도 요동하지 않는 주님의 절대적인 평안입니다.

사도 바울도 이러한 평안을 누렸던 사람입니다. 바울이 죄수의 몸으로 로마로 이송되고 있을 때, 그들이 타고 가던 아드라뭇데노라는 배가 유라굴로 광풍을 만나게 되었습니다. 풍랑이 너무 거세져서 짐을 바다에 다 던져 버리고 배의 기구를 다 던져 버린 후에 이제 그 풍랑이 몰아치는 대로 배를 맡기고 속수무책이었습니다. 먹지도 못했고 흑암이 계속되어서 며칠이 지났는지도 모릅니다. 구원의 여망이 다 없어졌습니다. 그 배에 타고 가던 200여 명의 죄수, 그들을 끌고 가는 군인들 할 것 없이 이제 죽음의 공포 속에서 어찌하지 못하고 있었습니다. 그런데 그 가운데 있던 바울을 보십시오.

> "내가 너희를 권하노니 이제는 안심하라 너희 중 아무도 생명에는 아무런 손상이 없겠고 오직 배뿐이리라"(행 27:22)
> "그러므로 여러분이여 안심하라 나는 내게 말씀하신 그대로 되리라고 하나님을 믿노라"(행 27:25).

유라굴로 광풍이 대작하는 한가운데 서 있는 이 바울의 당당함이 상상이 되십니까? 하나님의 평안에 들어간다는 것은 바로 이런 것입니다. 풍랑 가운데서도 조금도 요동치 아니하는 평안함입니다. 예수 안에 있는 자들에게는 이러한 평강이 있습니다.

사는 것이 많이 힘드시죠? 남북간의 문제도 언제 어떤 일이 일어날지 누구도 예측할 수 없고, 그것 때문에 경제도 갈수록 어려워지고, 경제가 어려워지면서 사는 것이 다 힘드니까 가족들 간에도 갈등이 자꾸 생기고, 생각지도 못했던 질병 때문에 삶이 송두리째 흔들립니다. 무슨 일이 있어서 가족들을 만난다고 하지만, 무슨 좋은 일이 있어야 가족들이 오랜만에 만나서 당당하게 이야기도 할 수 있을 텐데, 가족들을 만나봐야 내놓고 자랑할 만한 것도 없고, 말이 나오면 신세타령밖에 할 것이 없고…. 이런 세상일에 집착하고 그것에 얽매이기 시작하면, 혹시 상황이 조금 호전이 된다고 해도 달라질 것은 별로 없을 것입니다. 안식의 주인이신 예수님에게 초점을 맞추십시오. '예수님이 내 안에, 내가 예수님 안에' 있으면서 예수님과 온전한 만남을 통해서 참된 안식을 경험할 수 있습니다.

하박국 3장 17-18절에, "비록 무화과나무가 무성하지 못하며 포도나무에 열매가 없으며 감람나무에 소출이 없으며 밭에 먹을 것이 없으며 우리에 양이 없으며 외양간에 소가 없을지라도 나는 여호와로 말미암아 즐거워하며 나의 구원의 하나님으로 말미암아 기뻐하리로다"라고 하였습니다. 포도나무에 열매가 많아서 기쁜 것이 아닙니다. "나는 여호와로 말미암아 즐거워하며 기뻐하리로다." 이런 참된 기쁨과 진정한 평안이 여러분에게 충만하시기를 바랍니다.

외면할 수 없는 이슈

하나님의 말씀은 살아 있고 활력이 있어 좌우에 날선 어떤 검보다도 예리하여 혼과 영과 및 관절과 골수를 찔러 쪼개기까지 하며 또 마음의 생각과 뜻을 판단하나니 지으신 것이 하나도 그 앞에 나타나지 않음이 없고 우리의 결산을 받으실 이의 눈 앞에 만물이 벌거벗은 것같이 드러나느니라 (히 4:12-13)

흔히 이 시대를 '홍수 시대'라고 말합니다. 장마가 져서 물난리가 났다는 말이 아니라 이 시대는 뭐가 너무 많아서 문제라는 말입니다. 우선 길거리에 나가면 자동차가 너무 많아서 그야말로 홍수같이 길에 차고 넘칩니다. 출퇴근 시간에, 특히 명절에 고향 다녀오신 분들은 실감하시리라 생각합니다. 서점에 가면 책이 산더미같이 쌓여 있고, 게다가 신간서적들이 엄청나게 쏟아져 나옵니다. 그 엄청난 책들을 보면 덜컥 겁이 납니다. '이렇게 많은 책을 언제 읽지?' 얼마나 많고 다양한 물건들이 쏟아져 나오는지, 지금은 무엇이 없어서 못 사는 시대가 아니라 오히려 물건에 치여 살 수 없는 시대라고 느껴집니다. 옷장에는 옷이 차고 넘치고, 신발장에는 신발이, 방에는 각종 가전제품과 가구들이 가득 차 있고… 냉장고에는 먹을 것이 가득 차 있어서 오죽하면 "냉장고를 부탁해"라는 텔레비전 프로까지 생겼겠습니까?

예전에는 다다익선(多多益善)이라고 했는데, 많은 것이 꼭 좋은 것만은 아닌 것 같습니다. 우리나라는 물론이고, 중국이나 일본, 아시아 어느 나라를 가더라도 웬 사람들이 그렇게 많은지, 출퇴근 시간에 기차를 타면 정말 홍수같이 사람이 쏟아져 나오고, 그 많은 사람들이 강물처럼 어디론가 흘러갑니다. 그야말로 지구는 이미 초만원입니다. 정보의 홍수시대라고 하죠? 요즘 인터넷을 이용하면 엄청난 지식을 쉽게 얻을 수 있습니다. 그런데 많은 정보나 지식이 꼭 좋은 것만은 아닙니다. 왜냐하면 많은 지식은 깊은 사고를 방해할 수 있기 때문입니다. 지금은 많은 것을 알고 있는 것보다 하나라도 정확하게 아는 것이 더 중요합니다.

너무 많아서 가장 많은 문제를 야기하고 있는 것이 무엇일까요? 말입니다. 말의 홍수 시대입니다. 그야말로 말이 너무 많아 말의 홍수 시대입니다. 요즘 종편 방송이 생겨서 말이 더 많아진 것 같습니다. 말은 아이들보다는 어르신들이 더 많지 않습니까. 왜 그럴까요? 나이와 함께 경험이 많아지고, 다양한 정보를 많이 가지고 있기 때문에 자연히 많아지는 것이 말입니다. 그런데 그 많은 말들이 다 옳은 것은 아닙니다. 다 내게 필요한 것도 아닙니다. 이 사람 저 사람

말을 다 듣다가는 죽도 밥도 안 되는 경우가 있습니다. 지금은 말의 홍수 시대이기 때문에 어떤 때는 적당히 무시하고 지나가는 것도 필요합니다.

링컨의 전기를 쓴 데이빗 도날드(David Donald)는 링컨이 그렇게 깊은 사고를 할 수 있었던 이유는 "읽은 책의 수가 적었기 때문이다"라고 했습니다. 책 읽기 싫어하는 학생들이 들으면 기분 좋은 이야기겠죠? 링컨은 많은 책을 읽지 않았다고 합니다. 그런데 그는 자기가 좋아하는 책은 아주 여러 번 반복해서 읽었다고 합니다. 링컨이 가장 많이 여러 번 반복하여 읽었던 책이 무엇이었을까요? 성경입니다. 그 다음은 이솝우화였고요. 당시는 성경책이 흔하지 않은 시대였기 때문에 그렇게 좋아하는 성경책 하나도 자기 것이 없어서 늘 이웃집에서 빌려다가 읽었답니다. 자기 성경책 하나 갖는 것이 어린 시절 링컨의 소원이었다고 합니다.

현대는 다양한 정보, 많은 지식이 필요한 것이 아니라 하나님의 말씀을 제대로 아는 것이 중요합니다. 세상 사람들이 하는 소리를 다 따를 수 없고, 듣고 따라가서도 안 되겠지만, 절대로 외면할 수 없는 것이 있습니다. 하나님의 말씀입니다. 만일 하나님의 말씀에 귀를 막고 외면하면 그 사람은 영혼과 육체가 파멸에 떨어지고 맙니다. 어두운 밤에 항해를 할 때 등대가 그 뱃길을 비춰주듯이, 내 발의 등이요, 내 길의 빛이신 하나님의 말씀을 외면하면 칠흑 같은 어둠에서 길을 잃고 끝도 없는 방황을 하게 될 것입니다.

역사적으로 가장 강하게 훈련시켰던 나라는 스파르타였습니다. 그래서 지금도 군대식으로 강하게 훈련시키는 것을 스파르타식이라고 하지 않습니까? 이 나라는 전 국민을 군인정신으로 교육시켰습니다. 남녀노소 구분 없이 강력한 훈련을 시켰다고 합니다. 예를 들면 아이가 3개월이 되었을 때 자기 집 문 앞에 아이를 내놓고 스스로 기어 들어오면 살리고, 마냥 울고 있으면 정신상태가 틀려먹었다고 죽였다고 합니다.

7세부터 20세 때까지 아이들은 부모님을 떠나 혹독한 합숙 훈련을 받았습니다. 우리나라 실미도와 같은 훈련을 받았다고 합니다. 아이들은 머리를 빡빡 깎고 맨발로 다녀야 했고, 어두운 밤에도 불을 켜지 못했습니다. 음식은 도둑질해서야 겨우 배를 채울 정도로 항상 부족했습니다. 배가 고파야 강인한 정신력이 생긴다고 생각했기 때문입니다.

합숙훈련 중에 이런 일이 있었다고 합니다. 훈련을 받던 한 소년이 늑대 새끼를 잡았는데, 교관에게 들킬까봐 늑대 새끼를 자기 옷 속에 숨기고 있었답니다. 이 야생 늑대가 옷 속에서 답답해서 몸부림을 치다가 소년의 배를 물어뜯기 시작했는데, 이 소년은 교관에게 들킬까봐 비명소리 하나 내지 않고 그것을 끝까지 참고 있었습니다. 결국 소년의 창자가 밖으로 흘러나와 그 자리에서 이 소년이 죽었는데, 이 소년은 끝까지 비명소리 하나 없이 그 자리에서 꼬부라져서 죽었다고 합니다. 대단한 정신력이지요?

이렇게 지독하게 아이들을 교육시켰습니다. 이렇게 강하게 훈련을 시켰으니 얼마나 훌륭한 용사가 되었겠습니까? 그리고 계속 이렇게 교육을 시키면 이 나라가 천 년 만 년 계속되어야 하지 않았겠습니까? 그런데 불과 몇 백 년을 지속하지 못하고 스파르타는 무너지고 말았습니다.

반면에 이스라엘은 아이가 태어나면 먼저 하나님 앞에 속죄 제사를 드리고, 태어난 지 8일이면 할례를 베풀었습니다. 할례는 하나님께 자기 몸을 드리는 예식이요, 내가 하나님의 백성이라는 흔적을 평생 몸에 지니고 사는 예식이었습니다. 그리고 13세에 성인식을 할 때는 모세5경을 줄줄 다 암송하게 했습니다. 그렇게 하나님의 말씀으로 철저하게 가르쳤기 때문에 나라를 빼앗기고 2,000년을 디아스포라로 살았지만, 그들은 결국 다시 이스라엘을 건국하고, 세계 역사의 중심축에 당당하게 서게 되었습니다.

하나님의 말씀으로 무장하는 것은 이토록 놀라운 힘이 있습니다. 이사야 55장 10-11절에, "이는 비와 눈이 하늘로부터 내려서 그리로 되돌아가지 아니하고 땅을 적셔서 소출이 나게 하며 싹이 나게 하여 파종하는 자에게는 종자를 주며 먹는 자에게는 양식을 줌과 같이 내 입에서 나가는 말도 이와 같이 헛되이 내게로 되돌아오지 아니하고 나의 기뻐하는 뜻을 이루며 내가 보낸 일에 형통함이니라"라고 했습니다. 하나님의 말씀은 절대로 헛된 것이 아니고, 이 말씀이 흘러가는 곳마다 이렇게 놀라운 역사들이 나타납니다.

오늘 본문은 익히 여러분이 잘 아시는 구절로, 하나님의 말씀에 대하여 신구약 성경에서 가장 대표적인 요절 중의 요절이라 할 수 있습니다.

1. 하나님의 말씀은 살아 있는 생명의 말씀입니다

"하나님의 말씀은 살아 있고 활력이 있다"(12절)라고 했습니다. "활력"이라고 했는데, 이 말은 '에네그레스'로 여기서 에너지(Energy)가 나왔습니다. 에네그레스는 힘(力), 활력입니다. 하나님의 말씀은 단순히 공기를 진동시키는 소리가 아니라, 살아 있는 생명이고, 놀라운 능력입니다. 하나님의 말씀은 엄청난 힘이 있습니다. 온 우주 만물을 창조한 것도 하나님의 말씀이었습니다. "빛이 있으라" 하시면 흑암 가운데 빛이 창조되는 능력이 말씀을 통해 나타납니다. 그러므로 우리가 말씀을 진심으로 받아들이면, 말씀 그 자체의 능력으로 새로운 변화와 창조의 역사가 일어납니다.

인류의 역사에서 가장 큰 사건은 종교개혁이라고 생각합니다. 중세 1,000년이라는 칠흑 같은 암흑에서 인류를 깨어나게 했던 사건이 종교개혁입니다. 종교개혁의 새벽을 연 사람은 마틴 루터(M. Luther)가 아니라 사실은 루터보다 약 100년 전에 살았던 존 위클리프(John Wycliffe, 1320-1384)였습니다. 위클리프는 당시 사용했던 라틴어 성경을 영어로 번역하고 출판했습니다. 그리고 회중들이 알아들을 수 있는 영어로 설교를 했습니다. 그랬더니 로마 가톨릭 교회는 하나님의 말씀을 인간의 세속적인 언어로 번역하고 설교를 했다고 위클리프를 이단자로 지목하고, 그가 번역한 위클리프 성경을 불태워버리고, 이미 죽어 묻힌 위클리프의 뼈를 파내 다시 불태웠습니다.

왜 가톨릭교회가 이렇게까지 민감하게 반응했겠습니까? 누구보다 그들 자신이 말씀의 위력을 잘 알고 있었기 때문이었습니다. 하나님의 말씀이 바르게 선포되면 중세의 회중들이 깊은 잠에서 깨어나게 될 것이고, 그러면 중세 1,000년 동안 잘못 가르치고 숨겨왔던 사제들의 거짓들이 다 드러나게 되고, 그들이 누려왔던 온갖 기득권을 포기해야 했기 때문입니다. 위클리프는 그렇게 죽었지만, 그가 번역한 위클리프 영어성경책이 '종교개혁의 새벽별'이 되었습니다.

위클리프의 영향을 받아 독일에서는 루터가 성경을 독일어로 번역을 했고, 루터와 동시대의 인물인 윌리엄 틴데일(William Tyndale, 1495-1536)이 신구약 성경 전체를 영어로 번역했습니다. 그러다가 틴데일은 영국 왕 헨리(Henry) 8세가 보낸 첩자의 손에 체포되어 2년의 옥고를 치른 후에, 높은 장대에 달렸다가 교수형을 당했고, 이렇게 죽이고도 성에 차지 않아서 그의 죽은 시체를 가져다가 공개적으로 불을 질렀습니다. 목숨이 끊어지기 직전 틴데일이 순교하면서 "주여, 영국 왕의 눈을 열어 주소서!"라고 기도했다고 합니다.

틴데일이 죽은 후 75년, 영국 왕 제임스는 성경을 영어로 번역하여 출판하라고 명령했고, 이렇게 해서 나온 성경이 아직도 가장 전통 있고 권위 있다고 정평이 나 있는 흠정역(King James Version) 성경입니다.

이런 선구자들의 순교와 헌신으로 인해서 성도들이 성경을 읽고, 중세 천 년의 암흑에서 깨어나기 시작했습니다. 그래서 이탈리아에서부터 르네상스 운동이 시작되었고, 프랑스에서는 계몽주의가, 영국에서는 산업혁명이 일어나서 현대 문명으로 발전하게 되었던 것입니다.

하나님의 말씀은 에네그레스, 살아 있는 생명의 말씀이요, 가장 강력한 힘이기 때문에, 말씀이 바르게 선포되고 성경이 읽혀지는 곳에서는 이와 같이 놀라운 역사들이 일어납니다. 어둠이 물러가고 광명한 새 아침이 동터오는 놀라운 역사는 지금도 지구촌 곳곳에서 일어나고 있습니다.

2. 하나님의 말씀은 예리한 검입니다

하나님의 말씀은 "좌우에 날선 어떤 검보다도 예리하다"(12절하)라고 했습니다. 예리한 검과 같은 하나님의 말씀으로 무장을 해야 마귀와 영적인 전쟁을 할 때 대적하고 승리할 수 있습니다. 예수님도 마귀에게 시험을 받으셨을 때, 하나님의 말씀으로 대적하고 승리하셨습니다. 에베소서 6장에서 하나님의 전신갑주를 입으라고 하면서, 다른 것은 다 방어용 무기인데, 공격용 무기는 딱 하나 성령의 검 곧 하나님의 말씀을 가지라고 했습니다. 방어만 해가지고는 혹지지 않을는지 몰라도 승리할 수 없습니다. 승리하려면 공격을 해야 하는데 마귀를 공격하는 무기는 하나님의 말씀입니다.

우리는 악한 사탄 마귀가 마치 제 세상을 만난 것처럼, 미처 날뛰는 시대를 살아가고 있습니다. 말씀의 검으로 철저하게 무장하지 않으면 이 영적인 싸움에서 승리할 수 없습니다. 그래서 늘 하나님의 말씀을 묵상해야 합니다. 각종 성경공부반에 들어가서 말씀을 체계적으로 배워야 합니다. 신앙서적들을 부지런히 읽어야 합니다. 맨날 텔레비전 앞에서 몇 시간씩 보내시지 말고, 신앙서적을 많이 읽으십시오. 날선 검처럼 늘 하나님의 말씀으로 무장해야 합니다.

하나님의 말씀으로 날마다 무장하지 않으면, 마귀와의 영적 전쟁에서 승리할 수 없고, 내 영혼이 서서히 병들고, 나중에는 껍데기만 남아버린 형식적인 그리스도인으로 전락해 버립니다.

지어낸 이야기 같은데, 미국 선교사가 아프리카에서 선교 활동을 하다가 식인종에게 붙잡혔답니다. 식인종들은 이 미국 선교사를 그들의 추장에게 끌고 갔습니다. 선교사는 이제 꼼짝없이 잡혀 먹히리라고 생각했습니다. 그런데 추장을 자세히 보니 어디서 많이 본 사람 같았습니다. 기억을 잘 더듬어 보니까 미국에서 자기와 함께 같은 신학교에서 공부했던 사람이 추장이 되어 있었습니다. 얼마나 반가웠겠습니까? '하나님이 나를 이렇게 기적적으로 살려 주시는구나!' 너무나 감사했고 기뻤습니다.

이 선교사가 추장에게 미국의 어떤 신학교에서 공부를 하지 않았느냐고 물었더니 그렇다고 대답하더랍니다. 나도 그때 당신과 함께 신학을 공부했다며 여기서 이렇게 만날 줄 정말 몰랐다며 반가워했습니다. 선교사는 극적인 순간에 신학교 클래스메이트를 만났기 때문에 그 추장이 자기를 분명히 살려줄 것이라고 생각했습니다. 그런데 이 추장이 선교사를 풀어주라는 등, 아니면 이 선교사를 위해 잔치를 베풀라는 등, 아무 말이 없더랍니다. 그래서 선교사가 추장에게 다시 물었습니다.

"당신은 신학을 공부한 후 당신의 삶에 어떤 변화가 일어나지 않았습니까?"

추장이 뭐라고 대답했겠습니까?

"물론 변화가 있었습니다. 신학을 하기 전에는 사람을 잡아먹을 때 그냥 먹었는데, 신학을 공부한 후로는 반드시 식사기도를 하고 먹습니다."

말씀의 검이 예리하지 못하면 그저 식사기도 정도 하며 밥 먹는 그리스도인으로 전락할 수 있습니다. 날마다 하나님의 말씀으로 무장하고 거듭나야 온전한 그리스도의 제자가 될 수 있습니다.

3. 하나님의 말씀은 마음의 생각과 뜻을 판단합니다

"혼과 영과 및 관절과 골수를 찔러 쪼개기까지 하며 또 마음의 생각과 뜻을 판단하나니 지으신 것이 하나도 그 앞에 나타나지 않음이 없고 우리의 결산을 받으실 이의 눈 앞에 만물이 벌거벗은 것같이 드러나느니라"(12절하-13절).

혼과 영은 영혼을 뜻하고, 관절과 골수는 육신을 뜻합니다. 마치 거울 앞에 서듯이 하나님의 말씀 앞에 서야 우리가 어디가 어떻게 잘못되었는지 깨달을 수 있고, 잘못된 것을 바로잡는 것도 하나님의 말씀으로 고침을 받습니다.

병 중에서도 자각 증세가 없는 병들이 무섭다고 하지 않습니까? 나중에 알게 되면 고치기에는 이미 너무 많은 시간이 흘러 어떻게 손쓸 수 없는 경우들이 있습니다. 하나님의 말씀으로 날마다 자기 자신을 스캔해야 합니다.

옛날에 교인들이 설교를 잘 하는 사람을 '말씀을 잘 쪼갠다'고 표현했습니다. 그런 사람들을 보면 대개 종말론을 강조하고, 다니엘과 요한계시록과 같은 말씀을 깊이 쪼갠다고 하면서 이상하게 해석했습니다. 그렇게 말씀을 쪼개면서 동시에 얼마나 많은 교회와 가정이 쪼개지고, 영혼과 인격이 쪼개졌는지 모릅니다.

하나님 말씀은 쪼개는 것이 아닙니다. 반대로 성경 전체를 종합적이고 통전적으로 볼 줄 알아야 합니다. 쪼개지는 것은 말씀이 아니라 자기 자신의 심령이 말씀 앞에서 쪼개져야 합니다. 그래서 말씀 앞에 설 때 내가 죄인이라는 사실을 깨닫게 됩니다.

말씀이라는 거울 앞에 서니까 마치 X-ray가 스캔하듯 우리의 더럽고 추한 자기 자신이 드러나기 시작합니다. 말씀을 통해서 내 숨겨진 죄를 보게 하시고, 병든 부분을 깨닫게 되고, 내가 품고 있는 생각이 과연 옳은 것인지 그렇지 않은지를 알게 하시고, 그동안 무심코 지나쳤던 것을 다시 생각나게 하시고, 적극적으로 선을 행하지 않은 것도 죄라는 것을 깨닫게 하시고, 내 영혼이 어떻게 치료를 받아야 할 것인지를 알게 하십니다.

하나님의 말씀 앞에서 마치 만물이 벌거벗은 것같이 숨겨졌던 모든 것이 드러나고, 그것으로 끝나는 것이 아니라 놀라운 속사람의 변화가 말씀을 통해서 일어나게 됩니다.

세상이 너무 바쁘고 분주하게 돌아가기 때문에 이것저것 다 알 수도 없고, 이것저것 다 할 수도 없습니다. 아무리 바쁘고 해야 할 일이 많다 하더라도 하나님의 말씀을 배우고, 묵상하고, 말씀을 듣는 일에 소홀히 하면, 푯대를 잃어버린 인생처럼 세상에서 끝도 없는 방황을 하게 될 것입니다.

성경은 인생의 지도와 나침반입니다. 우리는 늘 똑같은 삶을 살고 있는 것 같지만, 실상은 한 번도 가 보지 않은 새로운 길을 하루하루 걸어가고 있습니다. 늘 정글과 같은 미지의 길을 걷고 있습니다. 정글을 여행하는 사람이 지도와 나침반이 없으면 길을 잃게 되는 것처럼, 하나님의 말씀인 성경을 잃어버리면, 인생은 끝도 없는 방황을 하다가 결국은 늪에 빠져 죽게 되어 있습니다.

에스겔 37장을 보면 에스겔이 본 환상에 대한 이야기가 나옵니다. 그는 어느 날 골짜기에서 수를 셀 수 없는 해골과 뼈들이 흩어져 있는 것을 보았습니다. 그때 하나님의 음성이 들려왔습니다.

"이 뼈들이 능히 살겠느냐?"

마른 뼈들이 어찌 살 수 있겠습니까? 그러나 에스겔은 살 수 없다고 부정적으로 단정해서 말하지 않고 "주께서 아시나이다"라고 얼버무렸습니다. 그랬더니 하나님께서 말씀하십니다.

> "너희 마른 뼈들아 여호와의 말씀을 들을지어다 주 여호와께서 이 뼈들에게 이같이 말씀하시기를 내가 생기를 너희에게 들어가게 하리니 너희가 살아나리라 너희 위에 힘줄을 두고 살을 입히고 가죽으로 덮고 너희 속에 생기를 넣으리니 너희가 살아나리라 또 내가 여호와인 줄 너희가 알리라"(겔 37:4-6).

에스겔은 마른 뼈들을 향해 하나님이 시키시는 대로 했습니다.

"뼈들아, 하나님의 말씀을 들어라!"

그런데 큰 기적이 일어났습니다. 에스겔이 하나님의 말씀을 대언하는 동안 뼈들이 움직이더니 서로 연결하여 붙는 소리가 나며 힘줄이 이어지고 살이 붙고 가죽이 씌어졌습니다. 그러나 생기는 없었습니다. 그래 나시 하나님께서 "이제는 생기를 향하여 말하라. 수 여호와의 말씀에 생기야, 사방에서부터 와서 이 사망을 당한 자에게 불어서 살게 하라"고 말씀하시는 대로 에스겔이 그대로 했더니, 곧 그들 속에 생기가 들어가며 살아서 큰 군대가 되었습니다. 이것은 이스라엘이 하나님의 말씀으로 다시 회복될 것을 보여주신 환상이었습니다.

여기에 중요한 진리가 있습니다. 골짜기의 마른 뼈 같은 인생이지만, 하나님의 말씀이 들어가면 하나님의 군대가 됩니다. 마른 뼈와 같이 살 소망이 0%라 하더라도 하나님의 말씀이 선포되면 놀라운 역사가 나타납니다.

우리 민족의 희망도 분명히 하나님의 말씀입니다. 여러분의 가정이나 기업의 희망도 하나님의 말씀입니다. 하나님의 말씀이 여러분 가정에 충만하게 되면 모든 어둠이 물러가고 놀라운 역사들이 나타나게 될 것입니다. 5포, 심지어 7포 세대라는 청년들의 진정한 희망도 하나님의 말씀입니다. 청년들도 하나님의 말씀을 붙잡고 다시 일어나기를 바랍니다.

하나님의 말씀으로 철저하게 무장해서 골짜기의 마른 뼈와 같은 인생이 하나님의 군대와 같은 인생으로 변화되는 놀라운 역사를 체험하게 되시기를 바랍니다.

큰 대제사장이신 예수님

그러므로 우리에게 큰 대제사장이 계시니 승천하신 이 곧 하나님의 아들 예수시라 우리가 믿는 도리를 굳게 잡을지어다 우리에게 있는 대제사장은 우리의 연약함을 동정하지 못하실 이가 아니요 모든 일에 우리와 똑같이 시험을 받으신 이로되 죄는 없으시니라 그러므로 우리는 긍휼하심을 받고 때를 따라 돕는 은혜를 얻기 위하여 은혜의 보좌 앞에 담대히 나아갈 것이니라 대제사장마다 사람 가운데서 택한 자이므로 하나님께 속한 일에 사람을 위하여 예물과 속죄하는 제사를 드리게 하나니 그가 무식하고 미혹된 자를 능히 용납할 수 있는 것은 자기도 연약에 휩싸여 있음이라 그러므로 백성을 위하여 속죄제를 드림과 같이 또한 자신을 위하여도 드리는 것이 마땅하니라 이 존귀는 아무도 스스로 취하지 못하고 오직 아론과 같이 하나님의 부르심을 받은 자라야 할 것이니라 또한 이와 같이 그리스도께서 대제사장 되심도 스스로 영광을 취하심이 아니요 오직 말씀하신 이가 그에게 이르시되 너는 내 아들이니 내가 오늘 너를 낳았다 하셨고 또한 이와 같이 다른 데서 말씀하시되 네가 영원히 멜기세덱의 반차를 따르는 제사장이라 하셨으니 그는 육체에 계실 때에 자기를 죽음에서 능히 구원하실 이에게 심한 통곡과 눈물로 간구와 소원을 올렸고 그의 경건하심으로 말미암아 들으심을 얻었느니라 그가 아들이시면서도 받으신 고난으로 순종함을 배워서 온전하게 되셨은즉 자기에게 순종하는 모든 자에게 영원한 구원의 근원이 되시고 하나님께 멜기세덱의 반차를 따른 대제사장이라 칭하심을 받으셨느니라 (히 4:14-5:10)

요즘은 한물 지나간 것 같은데, 한동안 간 큰 남자 시리즈가 유행을 했었습니다. 간 큰 남자도 다 등급이 있다고 합니다. '부인을 똑바로 쳐다보는 남자는 간이 큰 남자이고, 부인한테 돈을 어디에 썼느냐고 묻는 남자는 간이 굉장히 큰 남자, 아예 간이 배 밖에 나온 남자가 있는데, 부인이 텔레비전을 보시는데 채널을 자기 마음대로 바꿔버리는 남자'라고 합니다. 여자들은 채널권에 목숨을 거는데, 함부로 채널을 바꾸는 것은 죽기를 각오하지 않고는 할 수 없는 일입니다.

나이별로 간 큰 남자가 달라진다고 하는데, '20대: 부인에게 밥상 차려오라는 남자, 30대: 외출하는 부인에게 어디 가느냐고 묻는 남자, 40대: 외출하는 부인을 똑바로 쳐다보는 남자, 50대: 몇 시에 돌아오느냐고 묻는 남자, 60대: 따라가도 되느냐고 묻는 남자'랍니다.

왜 이런 이야기들이 사람들 사이에 회자되고, 기억이 되고, 재미있어 할까요? 일정 부분 공감하기 때문입니다. 내놓고 말은 못하지만, 자기도 어느 정도 그런 상황 속에서 살고 있기 때문입니다. 공감(共感, sympathy)은 사람과 사람 사이를 연결하는 접촉점 역할을 하고 있습니다.

구약의 제사장이 하는 일은 하나님과 인간 사이에서 접촉점 역할 혹은 다리 역할을 하는 사람입니다. 우선 하나님의 뜻을 사람에게 전하고, 백성들의 소원을 하나님께 아뢰는 일을 합니다.

좀더 자세히 말씀드리면 제사장이 하나님 편에서 사람을 위해 하는 일은 하나님의 말씀을 받아 사람들에게 전달하는 성언운반자(聖言運搬者)입니다. 제사장은 마치 성령님의 발성기관처럼 하나님의 말씀을 대언하는 직무를 감당합니다. 그래서 백성들은 제사장의 입술을 통해서 전달되는 하나님의 뜻을 알게 되고 그 말씀에 순종해야 했습니다. 또 사람의 편에서 하나님께 대하여 하는 일은 속죄를 위한 제사를 대신 드려 주고, 백성들의 소원을 하나님 앞에 나아가 대신 기도해 주는 것이었습니다.

제사장은 하나님과 사람 사이에서 다리 역할을 하는 사람이니까 이 역할을 제대로 감당하려면, 우선 하나님에 대하여 정확하게 알아야 합니다. 그래야 하나님의 뜻을 사람에게 바르게 전할 수 있습니다. 동시에 사람에 대하여도 잘 알아야 합니다. 그래야 사람의 중보자로 하나님 앞에 설 수 있지 않겠습니까?

그렇다면 하나님에 대하여 가장 잘 알 수 있는 분이 누구일까요? 하나님과 100% 공감할 수 있는 분이 누구일까요? 하나님 자신이 아니겠습니까? 그러면 인간에 대하여 100% 공감할 수 있는 것은 누구일까요? 같은 원리로 사람이겠죠. 결국 가장 온전하고 참된 대제사장이 하나님이면서, 동시에 참 인간이라면 100% 그 일을 가장 잘 감당할 수 있을 것입니다.

제사장 아론이 이런 사람입니까? 아론은 하나님이 세우신 대제사장이었지만 그는 하나님은 아니었습니다. 이런 의미에서 아론의 대제사장적인 사역은 제한적일 수밖에 없습니다.

완전한 하나님임과 동시에 참 인간이 누구입니까? 예수 그리스도입니다. 초대교회에는 성부, 성자, 성령의 3위 하나님에 대한 고백 가운데, 예수 그리스도에 대하여 가장 많은 논쟁을 했습니다. 이 논쟁의 핵심은 '예수님이 하나님이시냐? 아니면 사람이시냐?'의 문제였습니다.

예수님은 분명히 사람이셨습니다. 육신의 부모는 마리아와 요셉이었고, 야고보를 비롯한 예수님의 동생들이 있었습니다. 음식을 드시지 못하면 배가 고프셨고, 쉬지 못하면 피곤하셨습니다. 슬픈 일을 보면 우셨고, 채찍에 맞으면 아프셨습니다. 예수님 곁에서 예수님과 함께 살았던 사람들은 예수님이 우리와 조금도 다를 바 없는 분명히 사람이었다고 주장했습니다.

그러나 또 다른 측면에서는 예수님을 사람이라고 말하기에는 도저히 설명할 수 없는 부분들이 있었습니다. 가장 결정적인 것들이 그의 탄생의 신비요, 세례를 받으실 때 하늘에서 들려왔던 하나님의 음성, 그리고 그분의 부활과 승천입니다. 무덤에 갇혔던 분이 다시 살아났고, 사람들이 다 보는 가운데서 하늘로 올라가신 것은 도저히 사람이라고 말할 수가 없는 부분입니다. 그래서 예수님은 인간이 아니라 분명히 하나님이었다고 주장합니다.

그렇다면 하나님과 인간이 어떻게 한 인격 안에서 조화를 이룰 수 있을까요? 이것이 초대교회가 풀지 못하는 숙제였습니다. 유대 사람들은 절대로 하나님과 인간이 하나 될 수 없다고 생각했습니다. 유대인들은 하나님은 거룩하신 분이라고 고백합니다. 거룩하다는 것은 다르다는 것입니다. 하나님은 인간과는 완전히 다른 존재입니다. 그분은 인간의 세계와는 차원이 다른 곳에 계시며, 하나님과 인간은 무한한 질적 차이가 있기 때문에 하나님을 인간의 말로 정의하는 것조차 신성모독이라고 생각했습니다. 그래서 예수님이 하나님을 아버지라고 불렀을 때, 유대인들은 신성모독이라고 예수님을 비난했습니다.

스토아 학파가 대표적인데, 헬라 사람들도 마찬가지로 생각했습니다. 하나님의 특성 가운데 가장 대표적인 것을 아파테이아(Apatheia), 즉 무감각이라고 했습니다. 아파테이아는 하나님은 감정의 지배를 받지 않는 분이라는 뜻입니다. 그들은 이렇게 설명합니다. 만일 어떤 사람이 기쁨이나 슬픔을 느낀다고 하면, 그것은 그가 누군가에게 어떤 영향을 받아서 그 사람 때문에 기쁘거나 슬프다는 말입니다. 그런데 언제나 영향을 받는 사람은 영향을 주는 사람보다 열등하다고 생각했습니다. 그러니까 하나님이 누군가에게 영향을 받아서 기쁘거나 슬프다는 것은 결국 하나님 보다 더 위대한 누군가가 있다는 말이 되는데, 이런 일은 절대 있을 수 없기 때문에 하나님은 아파테이아(Apatheia) 누군가에 의해서 감정의 지배를 받지 않는 분이라고 했습니다.

말장난 같지만 논리적으로는 그럴 듯하지 않습니까? 이런 맥락에서 희랍 철학의 대부 중의 하나인 플루타크(Plutarch)는 "하나님을 인간 세계의 일에 게재시키는 것은 모독이다"라고 했습니다.

유대인이나 헬라인 할 것 없이 하나님은 그 본질적인 특성상 인간과 절대로 공유할 수 없고, 인간의 일에는 완전히 초월해 계신 분,

사람과는 완전히 다른 분이라고 생각했습니다. 그러나 그들이 아무리 하나님과 인간은 도저히 하나가 될 수 없다고 해도 예수 그리스도는 분명히 참 인간이며 참 하나님이셨습니다.

그러면 인성과 신성이 어떻게 한 인격 안에서 조화될 수 있느냐, 이것이 초대교회의 최대 숙제였습니다. 이것을 설명해 보기 위해서 수많은 이야기들이 있었습니다. 이러한 과정에서 너무나 많은 혼란이 교회 안에서 초래되었기 때문에 결국 초대교회의 신앙고백서를 작성하게 되는데, 그것이 우리가 주일 예배시마다 고백하는 사도신경입니다. 사도신경은 삼위일체 하나님에 대한 고백인데, 그중에서 가장 많은 부분을 차지하는 것이 예수 그리스도에 대한 고백입니다.

성부 하나님에 대한 항목은 한 가지, "나는 전능하신 하나님, 천지의 창조주를 믿습니다"입니다. 성령님에 대한 항목도 한 가지, "나는 성령을 믿으며"입니다. 나머지는 예수 그리스도에 대한 항목이 여섯 가지나 됩니다.

"나는 그의 유일하신 아들 우리 주 예수 그리스도를 믿습니다. 그는 성령으로 잉태되어 동정녀 마리아에게서 나시고, 본디오 빌라도에게 고난을 받아 십자가에 못 박혀 죽으시고 장사된 지 사흘 만에 죽은 자 가운데서 다시 살아나셨으며, 하늘에 오르시어 전능하신 아버지 하나님 우편에 앉아 계시다가, 거기로부터 살아 있는 자와 죽은 자를 심판하러 오십니다."

왜 삼위 하나님 가운데 예수님에 대한 고백이 이렇게 가장 많겠습니까? 당시에 예수님에 대한 신학적 논쟁이 그만큼 뜨거웠다는 것을 보여줍니다. 그리스도에 대한 논쟁은 구체적으로 "그분이 하나님이신가? 아니면 사람인가?"였습니다. 무수한 논쟁 끝에 결국 초대교회는 "예수님은 참 인간임과 동시에 참 하나님이시다"라고 고백했습니다.

사도신경을 보면 참 사람이심에 대한 고백은 "① 나는 그의 유일하신 아들, 우리 주 예수 그리스도를 믿습니다. ② 그는 성령으로 잉태되어 동정녀 마리아에게서 나시고 ③ 본디오 빌라도에게 고난을 받으사 십자가에 못 박혀 죽으시고"이고, 참 하나님이심에 대한 고백은 "① 장사된 지 사흘 만에 죽은 자 가운데서 다시 살아나셨으며, ② 하늘에 오르시어 전능하신 아버지 하나님 우편에 앉아 계시다가 ③ 거기로부터 살아 있는 자와 죽은 자를 심판하러 오십니다"입니다.

논리적으로는 어떻게 하나님과 인간이 한 인격 안에서 공존할 수 있는지 설명할 수는 없지만, 예수 그리스도의 생애를 통해서 나타난 역사적인 사건들이 예수님의 인간 됨과 하나님 됨을 그대로 수용할 수밖에 없도록 했습니다.

초대교회가 이런 결론을 내릴 수밖에 없었던 결정적인 근거가 오늘 본문입니다. 그러니까 예수님의 인성과 신성에 대한 그 엄청난 논쟁을 잠재우게 했던 말씀입니다. 히브리서 4장 14절에 "그러므로 우리에게 큰 대제사장이 계시니 승천하신 이 곧 하나님의 아들 예수시라 우리가 믿는 도리를 굳게 잡을지어다"라고 했습니다. 여기서 예수님을 하나님의 아들이라 고백했는데 이는 예수님의 신성을 고백하는 말씀입니다. 이어지는 15절에서는 "우리에게 있는 대제사장은 우리 연약함을 동정하지 못하실 이가 아니요 모든 일에 우리와 똑같이 시험을 받으신 이로되 죄는 없으시니라"고 했습니다. 이는 예수님의 인성을 고백한 말로, 예수님은 우리와 똑같은 인간이셨지만 죄는 없으셨다고 했습니다.

그러면 다시 처음 질문으로 돌아가서 대제사장은 누가 그 일을 가장 잘 감당할 수 있다고 했습니까? 참 하나님이면서 동시에 참 사람이신 분입니다. 그렇다면 예수님이 이 사역에 가장 적임자입니다. 그래서 본문 14절에서 예수 그리스도를 큰 대제사장이라고 했습니다.

예수님께서 나를 본 자는 아버지를 봤다고 했습니다. 예수님과 하나님은 하나입니다. 예수님은 참 하나님이시기 때문에 오직 우리는 예수님을 통해서만 하나님께 나아갈 수 있고, 하나님을 알 수 있고, 하나님을 만날 수 있습니다. 다른 길은 전혀 없습니다. 오직 예수님뿐입니다.

또 대제사장은 인간을 대표해서 하나님께 나아가는 것이라고 했는데, 인간의 모든 문제를 안고 하나님 앞에 나아가려고 하면 인간의 모든 아픔과 고통을 다 당해 보지 않고는 그것을 잘 감당할 수가 없습니다. 예수님은 우리와 같은 인간이 되셔서 우리 인생들이 당하는 모든 아픔과 고통, 그리고 기쁨을 다 경험하셨습니다. "그가 무식하고 미혹된 자를 능히 용납할 수 있는 것은 자기도 연약에 휩싸여 있음이라"(히 5:2)고 했습니다. 예수님도 우리와 같이 연약에 싸여 있었고, 우리와 한결같은 시험을 당하셨기 때문에, 우리의 사정과 우리가 처해 있는 형편을 주님이 너무나 잘 아십니다.

예수님은 어떻게 보면 인간적으로는 매우 불행한 삶을 사셨습니다. 예수님은 지독히도 가난하게 사셨습니다. 육신의 아버지 요셉이 일찍 죽었기 때문에 예수님은 어머니 마리아와 젖동생들의 생계를 책임져야 하는 청소년 가장 출신입니다. 예수님이 "여우도 굴이 있고 공중의 새도 집이 있으되 인자는 머리 둘 곳이 없도다"(눅 9:58)라고 하셨습니다. 우리가 아무리 가난해도 예수님보다 가난하지 않습니다.

예수님은 어려서부터 목수일을 하셨기 때문에 육체적인 노동이나 일하는 것이 얼마나 힘든 것인지 아시는 분입니다. 또 육체를 찌르는 고통이 얼마나 아픈지 잘 아시는 분입니다. 남자들은 망치로 못을 박다가 손가락을 찍어본 경험을 한두 번씩은 다 있을 것입니다. 순식간에 검은 피멍이 들고 부어오르고, 손가락이 아리고 잘려나갈 정도로 아픕니다. 실수로 손가락을 찍어도 그렇게 아픈데 손바닥에 못이 박히면 얼마나 아프겠습니까? 예수님은 그런 고통을 다 당하셨던 분입니다.

병이 들어 어디가 아파 보면, 그 육체의 고통이 얼마나 큰지 경험하게 됩니다. 제가 얼마 전에 새벽기도회 때 복통이 너무 심해서 예배를 인도하지 못한 적이 있었습니다. 그리고 1주일 후에 러시아 선교지에 갔을 때 똑같이 갑자기 복통이 일어났습니다. 모든 일정을 다 취소하고, 외국에 나왔으니 병원에도 갈 수 없고 숙소에서 효과가 있는지 없는지 알 수 없는 약을 먹고 버티면서 이 지옥 같은 시간이 빨리 지나가기를 바랐는데, 그 순간 '우리 교인들 중에 위암으로 고통당하는 성도들이 이렇게 아팠겠구나' 하는 생각이 들었습니다. 육신의 질병으로 고통당하는 자의 고통을 예수님이 아십니다.

예수님은 육체의 고통뿐만 아니라 마음의 상처도 당하셨습니다. 사람들에게 배신당하셨습니다. 가룟 유다뿐만 아니라 사실은 12제자들, 그렇게 따르던 그 수많은 무리들에게 예수님은 버림을 당하셨습니다. 예수님은 40일간 금식하셨기 때문에 배고픔이 얼마나 참기 힘든 일인지도 잘 알고 계십니다. 예수님은 마귀에게 시험을 당하셨습니다. 그것도 한두 번이 아니라 세 번씩이나 계속해서 말입니다.

> "내 마음이 매우 고민하여 죽게 되었으니 너희는 여기 머물러 나와 함께 깨어 있으라"(마 26:38).

십자가를 앞에 두고 겟세마네 동산에서 제자들에게 부탁하신 말씀입니다. 그러나 이 마지막 밤에도 예수님과 함께 있던 사람이 아무도 없었습니다. 예수님은 지독히도 외로우셨던 분입니다.

예수님은 인생이 당하는 이러한 고통들을 다 당하셨습니다. 그냥 피상적으로 아시는 것이 아닙니다. 누구에게 들어서 아는 것도 아닙니다. 실제로 다 이러한 경험을 몸소 당하셨습니다. 그렇기 때문에 우리가 무슨 말을 꺼내려고 하기만 해도 우리 주님은 이미 다 우리의 고통을 다 아십니다. 그래서 이사야 65장 24절 말씀처럼 "부르기 전에 내가 응답하시고, 말을 마치기 전에 들어 주시는 것"입니다.

"그러므로 우리는 긍휼하심을 받고 때를 따라 돕는 은혜를 얻기 위하여 은혜의 보좌 앞에 담대히 나아갈 것이니라"(히 4:16).

영원하시고도 참되신 대제사장 예수님의 공로를 의지하고, 이제 은혜의 보좌 앞으로 담대히 나아가십시오. 그분은 꼭 우리가 말하지 않아도 우리의 표정만 봐도 다 아십니다. 말주변이 없어서 그분 앞에서 말을 제대로 하지 못해도 하나님이 다 아십니다. 혹시 어리석어서 잘못된 것을 구해도 측은하게 여기사 더욱 크신 은사를 부어 주십니다.

랍비들은 기도에는 세 가지가 있는데, '기도와 외침과 눈물'이라고 했습니다. 기도는 조용히 하나님께 말하는 것이고, 외침은 소리를 질러서 부르짖는 것이고, 눈물은 우는 것입니다. 눈물은 기도나 부르짖음과 똑같은 기도입니다. 하나님 앞에서 우는 것 자체가 기도이고, 하나님은 우리의 눈물에 응답하시는 분입니다.

우리의 대제사장이신 주님은 우리와 같이 연약한 가운데 있으셨고, 우리와 같은 고난을 당하셨기 때문에 하나님 앞에서의 참된 중보자가 되실 수 있습니다. 그러니 하나님 앞에 담대히 나아가시기 바랍니다. 담대히 나아가면 됩니다. 하나님은 대제사장 예수 그리스도 안에서 우리에게 풍성한 은혜를 베풀어 주실 것입니다.

구약시대에 대제사장들은 일 년에 한 번씩 7월 10일 대속죄일에 지성소에 들어갔습니다. 지성소는 절대로 보통 사람들이 들어갈 수 없는 곳입니다. 오직 하나님이 한 사람 대제사장에게만 허락했습니다. 그리고 대제사장도 아무 때나 들어갈 수 있는 것이 아니라 일 년에 딱 한 번만 들어갈 수 있었습니다. 그 명령을 어기고 들어가면 죽습니다. 그러니 일 년에 한 번 들어갈 때도 얼마나 두려웠겠습니까? 대제사장이 부들부들 떨며 지성소에 들어갔습니다. 대제사장이 지성소로 들어갈 때는 발목에다 밧줄을 묶고 들어갔다고 합니다. 대제사장이 지성소에 들어가서 제사를 드리다가 행여나 실수로 하나님이 쳐서 죽으면, 그 죽은 사람을 밖에서 끌어내기 위함이었습니다. 그만큼 하나님 앞에 들어가는 것은 두려운 일이었습니다. 그런데 예수님이 은혜의 보좌 앞에 나아가는 길을 활짝 열어 놓으셨습니다.

> "그러므로 형제들아 우리가 예수의 피를 힘입어 성소에 들어갈 담력을 얻었나니"(히 10:19).

주님이 십자가에 달려 돌아가실 때 성소의 휘장이 위에서부터 아래로 찢겨졌다고 합니다. 이것은 예수님의 십자가로 은혜의 보좌로 나아갈 수 있는 길이 활짝 열려졌다는 말입니다. 과거에는 대제사장이, 그것도 대속죄일인 일 년에 단 한 차례 들어갈 수 있었던 곳인데, 이제는 예수님을 믿는 사람이라면 누구나 또 언제든지 들어가서 하나님의 은혜를 받을 수 있게 되었습니다. 이것이 영원하시고도 참되신 대제사장 예수님이 우리를 위해 열어주신 길입니다. 예수님 때문에 우리는 옛날 대제사장도 할 수 없던 일을 누구나 할 수 있게 되었습니다.

어떤 인생의 문제나 어려움이 있습니까? 영원하시고도 참되신 대제사장 우리 주님께서 열어주신 은혜의 보좌 앞으로 담대히 나아가시기 바랍니다.

성소와 지성소에 드리워 있었던 찢겨진 휘장이 보이십니까?

주께서 활짝 열어주신 은혜의 보좌가 당신의 눈에 보이십니까?

거기 탕자의 아버지처럼, 죄인일 수밖에 없는 우리를 반겨주시는 사랑의 아버지가 시은좌에 앉아 계시는 것이 보이십니까?

우리를 거룩하신 하나님 앞에 인도하기 위해서 부활하신 주님께서 지금 여러분에게 못 박히신 손을 내밀고 있습니다.

주께서 내미신 손을 붙잡고 은혜의 보좌로 나아가 때를 따라 부어주시는 은혜와 풍성한 복을 받아 누리게 되시기를 바랍니다.

초보에서 완전으로

멜기세덱에 관하여는 우리가 할 말이 많으나 너희가 듣는 것이 둔하므로 설명하기 어려우니라 때가 오래되었으므로 너희가 마땅히 선생이 되었을 터인데 너희가 다시 하나님의 말씀의 초보에 대하여 누구에게서 가르침을 받아야 할 처지이니 단단한 음식은 못 먹고 젖이나 먹어야 할 자가 되었도다 이는 젖을 먹는 자마다 어린아이니 의의 말씀을 경험하지 못한 자요 단단한 음식은 장성한 자의 것이니 그들은 지각을 사용함으로 연단을 받아 선악을 분별하는 자들이니라 그러므로 우리가 그리스도의 도의 초보를 버리고 죽은 행실을 회개함과 하나님께 대한 신앙과 세례들과 안수와 죽은 자의 부활과 영원한 심판에 관한 교훈의 터를 다시 닦지 말고 완전한 데로 나아갈지니라 하나님께서 허락하시면 우리가 이것을 하리라 (히 5:11–6:3)

영국의 로이드 존스 목사님이 쓴 책 가운데《영적 침체》라는 책이 있습니다. 이 책에서 성도들이 영적 침체에 빠지는 이유를 다섯 가지로 설명하고 있습니다.

1) 우울증 때문이라고 했습니다. 심리적으로 우울증세가 있는 사

람들이 영적 침체에 빠지기 쉽습니다. 모든 것이 마음먹기에 달려 있다는 말도 있듯이 늘 생각을 긍정적으로 하고, 가능하면 밝은 면을 바라보고 살아야 마음의 방에 불이 환하게 밝혀지고 우울증이 사라집니다. 이런 의미에서 웃음은 영혼의 건강을 진단할 수 있는 바로미터입니다. 잘 웃는 사람이 건강한 사람이고, 밝게 웃을 줄 모르는 사람은 분명히 영적으로, 정신적으로 병들어 있는 사람입니다.

2) 신체적 질병이나 피곤 상태 때문이라고 했습니다. 질병이나 과도한 스트레스, 누적된 피로가 영적 침체의 원인이 되기도 합니다. 그래서 스트레스가 쌓이지 않도록 잘 관리해야 하고, 건강관리도 잘해야 합니다. 건강은 저절로 주어지는 것이 아니라 무엇이든 잘 먹고, 잘 자고, 잘 웃고, 일도 열심히 하고, 지속적으로 운동도 열심히 해야 합니다.

3) 신비한 영직 체험을 한 후 일시직으로 일어나는 반작용 때문이라고 했습니다. 하나님이 부어주시는 놀라운 은혜를 체험한 뒤에 그것을 제대로 관리하지 못해서 영적 침체에 빠질 수가 있습니다. 아직 설익은 사람이 큰 은혜를 체험하면 두 가지 극단에 빠질 수 있습니다. 교만 아니면 독선입니다. 신앙생활은 교만과 독선 사이의 그 날카로운 능선을 걸어가는 것이라고 합니다. 신비한 영적인 체험을 하고 제대로 관리하지 못하면 오히려 교만 아니면 독선에 빠지게 되고 그 끝은 영적 침체에 이르게 됩니다.

4) 마귀의 공격 때문이라고 합니다. 사탄이 성도들을 넘어뜨리기 위해 공격해 올 때 제대로 방어하지 못하면 영적 침체를 겪게 됩니

다. 한창 뜨거워지려고 하면 꼭 마귀의 시험이 있습니다. 은혜가 있는 곳에 시험도 같이 옵니다. 마귀는 잠자는 영혼을 도전하는 법이 없습니다. 깨어 있는 사람, 신앙생활 잘 해보려는 사람을 시험합니다. 교회도 침체된 교회는 시험이 없습니다. 그런데 성장하려고 꿈틀거리는 교회를 공격의 타깃으로 삼습니다. 이러한 마귀의 시험을 잘 견디어 내지 못하면 영적 침체에 빠집니다.

5) 의심 때문이라고 했습니다. 하나님의 말씀이 믿어지지 않고, 하나님의 존재 자체에 대한 믿음이 흔들리면서 영적 침체가 온다고 했습니다.

혹시 내가 요즘 영적으로 깊은 늪에 빠져 있다고 생각되시는 분이 있습니까? 빨리 그 침체에서 벗어나서 신앙이 쑥쑥 자라나야 압니다. "학문(學文)은 여역수행주(如逆水行舟)여서 부진(不進)즉 퇴(退)니라"고 했습니다. 무슨 뜻입니까? 학문을 하는 것은 물을 거슬러 올라가는 배와 같아서 앞으로 나아가지 않으면 퇴보한다는 뜻입니다. 신앙생활도 마찬가지입니다. 날마다 믿음이 성장하지 않으면 퇴보하는 것입니다.

히브리서 5장 11절에, "멜기세덱에 대하여 할 말이 많으나 너희가 듣는 것이 둔하므로 말해도 잘 알아듣지 못하기 때문에 설명하기 어려우니라"고 했습니다. 그러면서 "때가 오래되었으므로…"(12절), 신앙생활을 시작한 지 햇수가 오래되었다는 말입니다. 신앙 연조가 깊다는 말입니다. 신앙생활 경력이 십수 년씩 되었다면, 너희가 마땅히 선생이 되었어야 하는데, 실상은 아직도 초보 단계를 벗어나지 못하고, 젖이나 먹고 단단한 식물을 먹을 수 없는 사람이 되어 있다고 했습니다.

여러분은 신앙생활 하신 지 몇 년이나 되었습니까? 10년, 20년 넘은 분이 수두룩합니다. 평생을 신앙생활 하신 분도 많을 텐데, 자기 나이만큼 신앙생활을 하였고 교회를 다녔습니다. 그러면 이제 단단한 식물도 먹을 수 있는 성숙한 그리스도인이 되셨습니까? 이제 신앙의 초보에서 벗어나서 성숙한 단계로 들어가고 있다고 생각되십니까? 아니면 다람쥐 쳇바퀴 돌듯 항상 그 자리만 뱅뱅 돌고 있습니까? 아직도 여전히 성전 마당만 밟고 다니는 것은 아닙니까? '과연 내 영혼이 정상적으로 성장하고 있는가? 아니면 아직도 초보 단계를 벗어나지 못하고 있는가?' 종합검진을 받아야 합니다.

본문은 영적 침체에서 벗어나서 초보에서 완전으로 나아가기를 원하는 성도들에게 주시는 말씀입니다. 믿음이 날마다 성장해서 성숙한 그리스도인이 되시기를 원하십니까?

1. 하나님의 말씀을 체험적으로 아는 자가 되어야 합니다

"이는 젖을 먹는 자마다 어린아이니 의의 말씀을 경험하지 못한 자요"(13절).

여기 자세히 보면 말씀을 알지 못하는 자가 아니라 경험하지 못한 자라고 했습니다. 하나님의 말씀을 알기는 하지만 말씀을 체험적으로 경험하지 못했다는 뜻입니다.

신앙생활 햇수가 늘어나면 자연히 말씀에 대한 지식은 조금씩 늘어나게 됩니다. 서당개도 3년이면 풍월을 읊는다고, 이래저래 성경 말씀을 듣게 되니까 조금씩 알게 됩니다. 어떤 사람은 성경을 줄줄 암송하는 사람도 있습니다. 그런데 성경 말씀을 아는 것과 경험하는 것은 다른 개념입니다.

"네가 하나님은 한 분이신 줄을 믿느냐 잘 하는도다 귀신들도 믿고 떠느니라"(약 2:19)라고 했습니다. 하나님이 한 분이시라는 것은 귀신도 잘 알고 있습니다. 그들이 성경을 몰라서 귀신이 된 것이 아닙니다. 다 압니다. 우리보다도 훨씬 더 많이 잘 압니다. 그런데 다 안다고 하지만 그것은 단순한 지식이지, 하나님을 체험한 체험적인 신앙은 아닙니다.

하나님의 말씀을 체험적으로 경험해야 합니다. 하나님의 말씀은 살았고 운동력이 있어 좌우에 날선 어떤 검보다 예리하다고 했는데, 말씀이 살아서 실제로 역사하려면 그 말씀대로 사는 체험이 있어야 말씀의 능력을 비로소 경험하게 됩니다.

"일흔 번씩 일곱 번 용서하라", 도저히 용서할 수 없는 사람이지만, 실제로 용서를 해봐야 이 말씀의 능력을 체험하게 됩니다. "몸된 교회를 위해 봉사하라", 도저히 봉사할 수 있는 상황이 아니어도 하라고 하시니 순종해 보니까 봉사할 수 있게 되고, 그것을 통해서 놀라운 축복도 경험합니다. “예수님처럼 섬겨라”, 전혀 예수님이 아니에요. 예수님을 닮은 구석이 1%도 없습니다. 그래도 예수님이라 고백하고 예수님을 섬기듯 섬길 때 그 말씀의 능력을 체험하게 되는 것입니다.

성경을 지식적으로 잘 알기만 하면 무슨 소용이 있겠습니까? 그냥 알기만 하는 것은 울리는 꽹과리 이상 아무것도 아닙니다. 성경에 대한 박사학위가 있으면 무슨 의미가 있습니까? 일자무식이라고 해도 주시는 말씀을 하나님의 말씀이라고 고백하고 순종하며 살아가는 무식한 할머니의 신앙이 훨씬 순수하고 능력이 있습니다. 말씀은 체험적으로 읽어야 합니다. 말씀을 경험적으로 읽지 못하는 사람은 아직도 믿음의 초보단계를 벗어나지 못하고 있습니다. 이제 성경을 귀로만 듣지 말고 몸으로 읽어 가시기 바랍니다. 그래야 여러분의 신앙이 초보에서 성숙으로 나아갈 수 있습니다.

2. 선악을 분별할 줄 알아야 합니다

제 모교회는 평양노회였습니다. 그래서 저는 평양노회 목사 후보생이었습니다. 목사 후보생이 되려면 노회시험을 봐야 하는데, 그중의 하나가 노회원 앞에서 면접시험을 치르는 것이었습니다.

면접시험을 치르는 날 노회 산하 후암동의 어느 교회로 오라고 해서 가 보니까 양복을 점잖게 차려 입은 분들이 꽤 여러 분 둘러앉아 계셨습니다. 그중에 어떤 분이 저에게 "교회의 주인이 목사입니까? 장로입니까?"라고 물었습니다. 제가 뭐라고 대답했겠습니까?

"교회는 주님의 것입니다"라고 했더니 이분이 "그것은 성경이 말하는 것이고, 실제로 교회의 주인이 누구입니까? 목사입니까? 장로입니까? 둘 중에 하나로만 대답하세요"라고 다그쳐 물었습니다. 저는 그때 제가 마치 루터라도 된 것처럼 "저는 성경이 말하는 것이 진리라고 생각합니다"라고 대답했습니다.

제가 지금같이 인생의 연륜이 좀 있었으면 그때 그렇게 대답하지 않았을 것입니다. "죄송하지만, 질문하시는 분은 목사님입니까? 장로님입니까?"라고 되물었을 것입니다.

"그건 왜 묻습니까?"

"물으시는 분이 장로님이시면 교회의 주인은 장로님이시고, 물으시는 분이 목사님이시면 목사님이라고 대답하려고 그랬습니다."

저는 그날 집에 돌아와서 목사가 되겠다는 꿈을 접으려고 했습니다. 죄송하지만 이런 유치한 사람들이 점잖은 척하고 양복 차려입고 노회원이네 하고 앉아 있는 그런 교회에 저는 끼고 싶지 않았고 더 이상 발을 들여놓고 싶지 않았습니다.

만일 여러분 중에 내가 이 교회의 주인이라는 생각에 붙잡혀 있는 사람이 있다면 그 사람은 신앙생활이 무지하게 고독하게 될 것입니다. 그리고 아무리 신앙경력이 많고, 봉사를 많이 한다고 해도 아직도 어린아이의 일을 버리지 못한 영적 유치부 아이입니다.

교회의 리더십은 섬김의 직입니다. 예수님이 뭐라고 말씀하셨습니까? "인자가 온 것은 섬김을 받으려 함이 아니라 도리어 섬기려 하고, 자기 목숨을 많은 사람의 대속물로 주려 함이니라"(막 10:45)고 했습니다. 이것이 예수님이 가신 길입니다. 교회에서 거들먹거리는 사람은 교회가 뭔지 전혀 모르는 사람입니다. 교회에서 헤게모니 싸움을 하려는 사람은 믿음의 초보 단계를 아직도 벗어나지 못한 사람입니다.

아이들은 물불을 못 가린다고 하죠? 위험한 것과 위험하지 않은 것을 모릅니다. 해도 되는 것과 할 수 없는 것을 분간하지 못합니다. 성숙한 사람은 무엇이 옳은지, 무엇이 잘못된 것인지를 알아야 합니다. 교회의 문화가 무엇인지, 세상과 교회가 무엇이 어떻게 다른지를 알아야 합니다. 성경 말씀이라는 영원한 표준을 가지고 바른 것과 잘못된 것을 분별할 줄 알아야 성숙한 그리스도인이라 할 수 있습니다. 선악을 분별할 수 있는 성숙한 그리스도인이 되시기를 바랍니다.

3. 죽은 행실을 회개해야 합니다

생각해 보면 우리가 너무 잘못한 것이 많습니다. 몰라서 그런 것도 있고, 알면서도 몸에 붙어 있는 잘못된 습성 때문에 그런 것도 있습니다. 타고난 기질이 좋지 못한 사람도 사실은 있습니다. 험한 세상을 살면서 양처럼 착했던 사람이 점점 악해지는 경우도 있습니다. 다 이해할 수 있죠. 주님도 아십니다. 그러나 자기 죄를 인정하고 회개해야 성숙한 사람입니다. 자기가 잘못했다고 인정하면 누구도 그 사람에게 돌을 던지지 않습니다. 그런데 잘못했다고 인정하는 것이 결코 쉬운 일이 아닙니다. 자존감이 강한 사람은 자기의 실수를 인정할 수 있습니다. 그러나 열등감이 많은 사람은 자기 실수를 인정하면 자기가 모래성처럼 무너지는 줄로 압니다. 그래서 절대로 자기 죄를 인정하지 않습니다.

한경직 목사님이 목회하실 때 있었던 일이라고 합니다. 한번은 당회를 하는데 장로님 한 분이 일어나서 한경직 목사님이 잘못하고 있는 것들 목록을 쭉 적어 와서 줄줄 읽었답니다. 이분도 정말 대단한 분입니다. 어떻게 온 국민이 존경하는 목사님에게서 잘못된 점을 한두 개도 아니고 그렇게 많이 찾아낼 수 있었을까요? 법을 공부했으면 검찰총장이 되고도 남으실 분입니다.

장로님이 하시는 말씀을 끝까지 다 듣고 한경직 목사님이 그러셨다죠?

"장로님, 감사합니다. 그런데 사실은 그것보다 제 허물이 더 많은 사람입니다. 그러니 장로님, 부족한 이 사람을 위해서 기도해 주십시오."

한경직 목사님의 아주 유명한 일화입니다. 이렇게 자기 허물과 죄를 고백할 수 있는 사람이 사실은 성숙한 사람입니다.

자기는 잘못한 것이 하나도 없다고 생각되는 사람, 그리고 다른 사람 때문에 일이 이렇게 꼬였다고 생각하는 사람은 내가 성숙하지 못하다는 것을 자기 스스로 지금 증명하고 있는 것입니다. 성숙한 사람은 자신의 죽은 행실을 회개할 줄 아는 사람입니다.

신앙생활을 오래했다고 하지만 아직도 믿음이 초보 단계에서 벗어나지 못하고 있는 것은 아닙니까? 혹시 말씀을 귀로만 듣고 체험적으로 읽지 못하는 것 아닙니까? 혹시 아직도 철부지 아이들처럼 선악을 분별하지 못하고 교회 안에서 남의 다리를 피나게 긁고 있는 것은 아닙니까? 분명히 잘못되었다는 것을 알면서도 그 알량한 자존심 때문에 죽은 행실을 회개하지 못하고 오히려 다른 사람을 공격하는 데 급급하지 않습니까?

오늘 주신 말씀 중에 내 마음에 찔리는 것이 있으면, 나는 아직도 신앙의 초보 수준을 벗어나지 못하고 있는 사람입니다. 아직도 영적 침체를 벗어나지 못하고 있습니다. 내 영혼이 지금 심각한 병에 걸려 있다는 말입니다. 이 문제를 해결하고 넘어가야 합니다. 그냥 어설프게 구렁이 담 넘어가듯 적당히 넘어갈 문제가 아닙니다.

주님 앞에 자신의 부족함을 정직하게 고백하시기 바랍니다. 신앙생활의 햇수만 자랑했지 실제로 나는 어린아이의 일을 버리지 못했다고 고백하십시오. 그러면 길이 열립니다. 자기 병을 인정해야 치료할 수 있는 길이 열리는 것입니다.

그러면 구체적으로 성숙한 사람은 어떻게 변화됩니까? 자기중심적인 사람(Ego centered Person)이 자기라는 동굴에서 벗어나서 타자를 위한 존재로(Being for others)로 변합니다. 부정적인 사고방식(Negative

Thinking)에 사로잡혀 있던 사람이 긍정적인 사람으로(Positive Thinking)으로 바뀝니다. 돈이나 권력, 명예에 붙잡혀 살던 사람이 예수 그리스도 중심인 사람으로 변하고, 자기 자신뿐만 아니라 다른 사람 그리고 사회까지도 변화를 이끌어내는 사람이 됩니다.

사회학에서 쓰는 용어 중에 N-바이러스(N-Virus)란 말이 있습니다. 어느 사회나 국가가 오랫동안 침체를 거듭하다가 어떤 지도자나 어떤 조직에 의하여 구성원들이 용기를 얻고 새로운 도약의 계기를 맞이하기도 합니다. 그래서 침체기를 벗어나 새로운 도약을 맞이하게 됩니다. 이런 경우에 그런 역할을 하는 지도자나 집단을 일컬어 'N-바이러스'라고 합니다.

N-Virus에서 'N'은 Need의 약자인데, 일반적으로 바이러스는 나쁜 것이라고 생각하는데 이런 바이러스는 꼭 필요하다는 의미에서 N-바이러스라고 합니다. 한결같이 사람들이 '안 된다', '할 수 없다', '희망이 없다'는 생각에 젖어 있을 때에, '아니다! 된다', '할 수 있다', '아직도 우리에게 희망이 있다'고 외치면서 그 사회 전체를 강력하게 드라이브하는 사람을 N-Virus라고 합니다. 이렇게 누군가 N-Virus 역할을 하면, '할 수 없다'는 생각에 빠져 있던 사람들이 '할 수 있다'는 생각으로 바꾸어지게 됩니다. 그래서 그 공동체가 오랫동안의 침체기를 벗어나 성장하고, 발전하는 길로 들어서게 됩니다.

오늘 주신 하나님의 말씀이 우리에게 N-Virus가 되어서 영적 침체에서 벗어나 초보에서 성숙을 향하여 나아가는 놀라운 은혜가 임하기를 바랍니다.

하늘의 은사를 맛본 후

한 번 빛을 받고 하늘의 은사를 맛보고 성령에 참여한 바 되고 하나님의 선한 말씀과 내세의 능력을 맛보고도 타락한 자들은 다시 새롭게 하여 회개하게 할 수 없나니 이는 그들이 하나님의 아들을 다시 십자가에 못 박아 드러내 놓고 욕되게 함이라 땅이 그 위에 자주 내리는 비를 흡수하여 밭 가는 자들이 쓰기에 합당한 채소를 내면 하나님께 복을 받고 만일 가시와 엉겅퀴를 내면 버림을 당하고 저주함에 가까워 그 마지막은 불사름이 되리라 (히 6:4-8)

칼빈주의자(장로교인)들은 예정의 교리를 믿습니다. 우리가 구원받은 것은 내가 예수님을 믿었기 때문이 아니라 하나님이 만세 전에 나를 택해 주셨기 때문이고, 하나님이 한번 택한 사람은 끝까지 지켜주시기 때문에 우리의 구원은 영원하다고 믿습니다. 그 근거는 로마서 8장 35절 이하의 말씀입니다.

"누가 우리를 그리스도의 사랑에서 끊으리요 환난이나 곤고나 박해나 기근이나 적신이나 위험이나 칼이랴."

이어지는 로마서 8장 38-39절에서 "내가 확신하노니 사망이나 생명이나 천사들이나 권세자들이나 현재 일이나 장래 일이나 능력이나 높음이나 깊음이나 다른 어떤 피조물이라도 우리를 우리 주 그리스도 예수 안에 있는 하나님의 사랑에서 끊을 수 없으리라", 한마디로 말하면 택함을 받고 구원을 받은 사람은 하나님이 그 영혼을 끝까지 책임지신다는 약속입니다.

반면에 알미니안 혹은 웨슬리안(감리교인)들은 자유의지론을 믿습니다. 예수님을 믿고 안 믿는 선택의 자유가 사람에게 있기 때문에 자기가 믿으면 누구든지 구원을 받지만, 아무리 전도해도 끝까지 믿지 않으면 저주를 받을 수밖에 없는, 자기 운명에 대한 책임이 자기 자신의 선택에 달려 있다고 생각합니다. 어떻게 생각하면 그 말도 맞습니다.

그런데 누구 말이 맞는지 깊이 생각해 보십시오. 우리가 처음에 예수님을 믿을 때를 생각해 보십시오. 그때 누군가 나에게 예수님을 소개했고, 예수님을 믿으라고 복음을 전해 주었습니다. 그때는 예수님이 어떤 분인지 잘 몰랐지만, 하도 지극정성으로 그러니까 번번이 거절할 수도 없고 해서 교회 다녀주기로 했고, 그리고 교회에 나왔습니다. 처음 예수님 믿을 때를 생각해 보면 분명 내가 예수님을 믿겠다고 작정하고 선택했습니다. 그때는 분명히 알미니안이 주장하는 자유의지론이 맞습니다.

그런데 보세요. 교회에 나왔더니 교인으로 등록을 해야 한다고 해서 등록했고, 1년쯤 지나니까 세례를 받아야 한다고 해서 세례도 받았고, 세례를 받으니까 그 이듬해에 봉사해야 한다고 하면서 서리 집사 직분을 주었습니다. 그래서 교회 여기저기서 봉사를 하기 시작했습니다. 하다 보니까 조금씩 익숙해지기도 하고, 또 재미도 있고, 교회 안에서 새로운 친구들도 만나고, 그러다 보니까 시간이 훌쩍 지나서 벌써 예수 믿은 지 10년쯤 되었습니다.

10년이 지난 지금 돌이켜 생각해 보니 그때는 내 자유의지로 믿겠다고 내가 예수님을 선택한 것 같았는데, 지금 보니 내가 하나님을 선택한 것이 아니라 하나님이 나를 먼저 선택하셨고, 하나님이 나를 자녀로 불러 주셨고, 영원한 생명을 주셨다는 것을 깨닫게 되었습니다. 그래서 내가 지금 구원받은 것이 전적으로 하나님의 은혜임을 고백하게 되지 않습니까? 이것이 우리 장로교인들이 고백하는 예정의 교리입니다. 예정의 교리는 칼빈의 《기독교 강요》'은총편'에 나오는 교리인데, 모든 것이 하나님의 은혜임을 고백하는 중에 내가 구원받은 것도 나의 선택에 의한 것이 아니라 하나님의 은혜임을 고백하는 교리입니다.

오늘 본문은 예수님을 잘 믿다가 타락한 사람에 대한 이야기인데, 예수를 믿겠다고 했다가 마음이 변해서 믿지 않으면 어떻게 됩니까? 사람이란 마음이 늘 변할 수 있으니까, 이제는 더 이상 믿지 않겠다고 할 수 있지 않겠습니까? 그러면 어떻게 됩니까? 그가 받은 구원이 취소가 되겠죠. 그래서 알미니안들은 성도의 견인이라는 것을 잘 말하지 않습니다. 끝까지 자기가 받은 구원을 붙잡고 있어야 구원을 받는 것이지 그렇지 않으면 구원을 받지 못한다고 합니다. 그러면서 이들이 근거로 제시하는 말씀이 오늘 본문입니다. "한번 빛을 받고 하늘의 은사를 맛보고 성령에 참여한 바 되고, 하나님의 선한 말씀과 내세의 능력을 맛보고도 타락한 사람은 다시 새롭게 하여 회개하게 할 수 없다"라고 합니다.

본문이 논쟁의 핵심이 되고 있는 문제를 분석해 보면 세 가지입니다.

1) '하늘의 은사를 맛보고 타락했다는 사람'이 구체적으로 어떤 사람인가?

2) '타락한 자들'이라고 했는데, 여기서 말하는 '타락'이라는 말이 구체적인 의미가 무엇인가?

3) '다시 회개케 하여 새롭게 할 수 없다'는 말의 의미가 무엇인가?

성경을 바르게 해석하는 것은 항상 전체적인 문맥 속에서 부분의 의미를 찾아야 합니다. 전체 숲을 보지 않고 나무만 보고 결론을 내리는 것은 언제나 잘못될 가능성이 있습니다. 성경도 전후좌우의 전체적인 문맥 속에서 주어진 본문의 의미를 찾아보아야 합니다.

본문 앞에 있는 5장 11절-6장 3절에, 히브리서 이 편지의 수신인들의 상태가 어떻다고 했습니까? 멜기세덱에 관하여 할 말이 많지만 듣는 것이 둔하므로 말할 수 없다(히 5:11), 신앙생활의 햇수는 오래되었지만 아직도 젖이나 먹고 단단한 식물을 먹을 수 없는 영적

유아기에서 벗어나지 못한 상태(히 5:12), 말씀을 안다고 하지만 체험적으로 경험하지 못한 자(히 5:13), 선악을 분별하지 못하는 사람(히 5:14)이라고 했습니다. 그리고 히브리서 6장 1-3절에서는 그러므로 믿음의 초보를 버리고 완전한 데로 나아가야 한다고 했습니다. 그래서 타이틀을 "초보에서 완전으로"라고 붙였습니다.

그런데 자세히 보면 히브리서 6장 3절과 오늘 본문인 6장 4절 이하가 단락이 나누어져 있지 않습니다. 같은 단락입니다. 4절 앞에 단락이 바뀌었다는 표시인 작은 동그라미가 없다는 말은 같은 단락이라는 뜻입니다. 같은 내용이 지금 계속 이어지고 있다는 뜻입니다. 그러니까 사실은 지난 시간에 이 본문의 말씀을 붙여서 강해했어야 맞았는데, 설명해야 할 내용이 너무 많아 부득불 두 번에 나누어서 설교를 하게 되었습니다.

더 중요한 사실은 본문 6장 4절 맨 앞에 전치사 하나가 한국어로 번역하는 과정에서 빠졌습니다. 대부분의 영어성경에서는 원인과 이유를 설명하는 전치사 'For'로 본문이 시작되고 있습니다. 이 전치사 'For'가 본문을 앞 절의 내용과 연결하고 있는 키라고 할 수 있는데, 지난 시간에 다루었던 젖이나 먹고 단단한 식물을 먹을 수 없다는 문제와 오늘 본문의 이 타락한 사람의 문제가 다른 토픽이 아니라 논리적으로 연결되어 있다는 것을 암시하고 있습니다.

그렇다면 이러한 본문의 전체적인 문맥을 생각하면서 히브리서 6장 6절에 나오는 '타락한 자'는 구체적으로 누구를 말하겠습니까? 예수 믿다가 배도한 사람이겠습니까? 믿음이 제대로 성장하지 못하고 있는 미성숙에 대한 이야기를 하다가 왜 갑자기 배도한 사람 문제로 넘어갔겠습니까? 물론 배도한 사람은 구원을 받을 수 없습니다. 그러나 본문에서 말하는 타락한 사람은 배도한 사람이 아니라 은사도 체험하고, 성령의 역사도 경험하고, 내세의 능력도 맛보고, 그렇게 한참 신앙생활을 열심히 했는데, 갑자기 열정이 식어버리고, 봉사도 하지 않고, 믿음도 더 이상 자라지 않는 사람을 말합니다.

이 사람은 분명히 예수님을 믿는 믿음 안에서 새 생명을 받았고, 신령한 은사도 받았고, 성령이 그 속에 계신 사람이고, 하나님의 선한 말씀과 내세의 능력도 맛본 사람입니다. 분명히 구원받은 백성입니다. 생명의 역사가 이미 시작된 사람입니다. 그런데 문제는 생명이 잉태되어 어느 정도 잘 자라다가 더 이상 자라지 않습니다. 정체되어 있는 정도가 아니라 오히려 퇴보하고 있습니다. 그러니까 본문에서 '하늘의 은사를 맛보고 타락했다는 사람'은 배도한 사람을 말하는 것이 아닙니다. 타락했다는 것도 배도했다는 말이 아니라 믿음이 정상적으로 성장하지 않고 장기간 영적 침체 중에 있는 사람을 의미합니다. 이런 식으로 시간이 한없이 흘러가면 이 사람의 영혼이 어떻게 되겠습니까? 다시 회복될 수가 없는 지경에 이르지 않겠습니까? 그런 의미에서 '다시 새롭게 하여 회개하게 할 수 없다'고 했습니다.

그리고 히브리서 6장 6절 하반절을 보십시오. "이는 그들이 하나님의 아들을 다시 십자가에 못 박아 드러내 놓고 욕되게 함이라"고 했습니다. 믿음이 정상적으로 성장하지 못하고 영적 침체에 빠져 있는 것은 예수님을 다시 십자가에 못 박는 것과 같이 주님을 욕되게 하는 일이라는 말씀입니다.

이어지는 본문 7-8절을 설명하기 위해서 아주 쉬운 비유를 들어서 말씀하고 있습니다. 땅이 비를 맞아 좋은 채소를 내면 하나님께 복을 받고, 똑같이 비를 맞고 가시와 엉겅퀴를 내면 저주를 받는다고 했습니다. 굳이 이름하자면 두 밭에 대한 비유라고 할 수 있는데, 이 두 밭 모두 비가 아주 흡족히 내렸습니다. 그런데 문제는 어떤 밭에는 싱그러운 채소가 가득히 자랐고, 어떤 밭은 가시와 엉겅퀴만 무성하게 자랐습니다. 그러면 여기서 좋은 채소가 가득한 밭은 누구를 말하겠습니까? 날마다 믿음이 성숙해가는 성도입니다. 그러면 엉겅퀴를 내는 땅은 믿음이 정상적으로 성장하지 않는 성도, 오히려 믿음이 퇴보하는 사람입니다. 여러분은 스스로 생각할 때 싱그러운 채소가 가득한 좋은 밭입니까? 아니면 가시와 엉겅퀴가 가득한 나쁜 밭입니까?

물론 신앙생활에도 권태기가 있는 것은 사실입니다. 한창 주님을 향한 열정이 불타오르다가 갑자기 냉랭해지고, 봉사하는 즐거움도 사라지고, 하나님의 말씀도 귀에 들어오지 않고, 예배드리면 뭐하나 하는 생각이 들고, 신앙생활이 대단히 피곤한 일로 생각될 때가 있습니다. 이러한 시기를 영성신학자들은 '영혼의 밤'이라고 말합니다. 역설적인 것 같지만, 이 영혼의 밤도 영적 성숙을 위해서 필요하다고 합니다. 그런데 영혼의 밤을 지낼 때 우리가 기억해야 할 것은 지금까지 해오던 영성생활을 중단하지 말고 계속해야 한다는 것입니다.

기도해서 뭐하나, 백날 기도해도 달라지는 것도 하나도 없는데… 이런 생각이 들어도 멈추지 말고 계속 기도해야 합니다. 예배 시간이 다가오면 머리가 무거워집니다. 예배를 드려도 아무 감동이 없어도 계속 예배를 빠뜨리지 말고 드려야 합니다. 설교시간에 잠이 오더라도 예배 자리를 지켜야 합니다. 한때는 신이 나서 봉사를 했습니다. 몸이 어디 아팠다가도 교회 갈 시간이 되면 씻은 듯 나았습니다. 그런데 지금은 그렇지 않습니다. 오히려 무거운 짐으로 느껴집니다. 그런데 기억하십시오. 신이 나지 않아도 책임감에서라도 봉사해야 합니다. 성경말씀도 마찬가지입니다. 귀에 들어오지 않아도 그냥 읽어야 합니다. 새벽기도도 와서 자고 가는 한이 있어도 나오셔야 합니다.

신이 나지 않고 재미가 없어도 Keep Going, 계속해야 합니다. 그러다 보면 어느 날에는 다시 기도의 줄을 붙잡게 되고, 말씀이 들려오고, 봉사하는 것이 신바람이 나고 신앙생활에 기쁨이 회복됩니다.

누에는 평생 네 번이나 허물을 벗으면서 큰다고 합니다. 영혼의 밤은 누에가 허물을 벗는 시기와 같다고 할 수 있습니다. 그러니까 중단하거나 포기하지 말고 신앙생활을 지속적으로 계속하십시오. 지속적으로 계속 Keep going 해야 합니다.

그리고 믿음이 지속적으로 성장하게 되려면 단순히 생각만 가지고는 안 됩니다. 육체가 건강하려면 규칙적인 식생활, 충분한 수면과 적당한 휴식, 몸에 습관이 되어 있는 운동을 통해서 건강이 유지되는 것처럼, 영성훈련도 마찬가지입니다. 내 영이 계속 성장해야

겠다고 마음을 먹는다고 해서 그 다음날부터 믿음이 자라는 것이 아닙니다. 경건의 훈련이 완전히 몸에 익숙해질 때까지 훈련을 해야 합니다.

방위 출신은 잘 모르시겠지만 대한민국 육군 보병 출신은 각개전투 16개 동작이라는 것을 수없이 훈련받습니다. 잠꼬대 하면서도 할 수 있을 정도로 훈련을 시킵니다. 제대한 지 30년이 지났어도 아마 지금도 총자루를 쥐어주면 할 수 있을 것입니다. 내 머리는 잊어버렸지만 내 몸이 기억하고 있을 것입니다. 하지만 막상 전쟁이 일어나서 육박전이 일어났을 때 각개전투 16개 동작에 신경을 쓰면서 적과 싸울 사람은 아무도 없습니다. 그때는 아무 생각 없이 오직 살겠다는 일념 하나로 싸우겠죠. 그런데 수없이 훈련을 많이 받아 내 몸이 그것을 기억하고 있으면, 아무 생각이 없이 싸워도 훈련한 동작들이 응용되어서 적을 제압하는 데 큰 도움이 됩니다.

몸의 훈련이라는 것은 완전히 무의식중에 나올 때까지 연습을 해야 합니다. 경건의 훈련도 그렇습니다. 완전히 자기 몸에 익숙해질 때까지 반복에 반복을 거듭해야 자기 몸에 붙어 있는 경건한 모습대로 살게 되고, 그래야 믿음이 지속적으로 성장하게 됩니다.

성경이 꿀과 송이 꿀처럼 느껴지시는 분 있으세요? 그런 분보다 성경만 펴 놓으면 졸리는 분이 더 많을 것입니다. 그런데 여러분 평생에 성경을 꿀과 송이 꿀처럼 느껴보기를 원하시면 성경 읽다가 꼬부라져서 성경에 침을 질질 흘리며 자는 한이 있어도 성경을 규칙적으로 읽어야 합니다. 전혀 성경을 읽지 않았는데 어느 날 갑자기 성경 말씀이 꿀과 송이 꿀처럼 달게 느껴지는 것은 없습니다. 로또는 혹시 그렇게 맞는 경우가 있을지 몰라도, 성령님은 절대로 그런 식으로 역사하시지 않습니다.

기도도 그렇습니다. 기도가 되는 안 되든 무릎 꿇고 20분, 30분 앉아 있어야 합니다. 그러다가 잠이 들기도 하지만, 그래도 계속하다 보면 주님과 은밀한 대화를 나눌 수 있습니다. 처음부터 깊은 기도를 시작할 수 있는 것이 아닙니다. 평생 예수 믿으면서 깊은 기도를 한 번도 못 해보고 인생을 마치는 사람도 많이 있습니다.

우리 몸은 몸에 붙은 습관대로 살아가게 되어 있습니다. 정한 시간에 규칙적인 식사를 하는 사람은 그 시간이 되면 두뇌를 비롯해서 온몸이 밥을 먹고 소화시킬 준비를 합니다. 이렇게 준비가 되어 있는 상태에서 음식을 먹어야 소화가 잘 되고 배탈이 나지 않습니다. 불규칙적인 식생활은 전혀 준비가 되어 있지 않은 상태에서 음식이 갑자기 들어오니까 위뿐만 아니라 온몸을 놀라게 하고 건강을 잃게 합니다.

새벽에 일어나서 무조건 기도하는 습관이 몸에 붙어 버리면 그 시간이면 일어나게 되고, 마음과 영이 기도할 준비가 자연히 되어지고, 깊은 기도를 지속적으로 드리게 됩니다. 그래서 예수님도 그러셨고 제자들도 그랬고 정한 시간에 정한 장소에 가서 기도를 드렸고, 그러다가 놀라운 역사들을 체험한 것입니다.

믿음이 제대로 건강하게 성장하지 못하는 사람은 본문에서 말하는 타락한 사람입니다. 저는 여러분의 영적인 트레이너로 여러분의 영혼에 대하여 일정 부분 책임이 있는 사람입니다. 만일 여러분의 믿음의 진보가 제대로 이루어지지 않는다면 일차적으로는 그 책임이 여러분 자신에게 있고, 저도 그 책임을 하나님 앞에서 면할 길이 없습니다.

신앙생활은 생각으로 하는 것이 아니고, 몸으로 하는 것입니다. 경건의 훈련에 몸에 익숙해져서 자연스럽게 될 때까지 몸의 훈련을 지속적으로 해야 합니다. 지속적인 경건의 훈련을 통해서 육적으로나 영적으로 계속해서 성장하고 성숙하는 건강한 그리스도인이 되시기를 바랍니다.

키소 코소 카소

사랑하는 자들아 우리가 이같이 말하나 너희에게는 이보다 더 좋은 것 곧 구원에 속한 것이 있음을 확신하노라 하나님은 불의하지 아니하사 너희 행위와 그의 이름을 위하여 나타낸 사랑으로 이미 성도를 섬긴 것과 이제도 섬기고 있는 것을 잊어버리지 아니하시느니라 우리가 간절히 원하는 것은 너희 각 사람이 동일한 부지런함을 나타내어 끝까지 소망의 풍성함에 이르러 게으르지 아니하고 믿음과 오래 참음으로 말미암아 약속들을 기업으로 받는 자들을 본받는 자 되게 하려는 것이니라 (히 6:9-12)

고린도전서를 보면 세 종류의 사람에 대한 말씀이 나옵니다.

1) 육에 속한 사람(고전 2:14)

헬라어로는 육체를 '프쉬케'라고 하고, 이 육체에 속한 사람을 프쉬코스라고 하는데, 영어로는 The Man without the Spirit, 즉 성령님이 그 안에 없는 사람입니다. 그 속에 성령께서 계시지 않기 때문에 성령께서 하시는 일을 전혀 이해할 수 없고, 성령의 일을 전혀 받아들일 수도 없고, 성령의 열매는 물론 없습니다. 오직 육체의 지배를 받습니다. 오직 프쉬케(육체)만 있는 사람입니다.

갈라디아서 5장 19절-21절에, "육체의 일은 분명하니 곧 음행과 더러운 것과 호색과 우상 숭배와 주술과 원수 맺는 것과 분쟁과 시기와 분냄과 당 짓는 것과 분열함과 이단과 투기와 술 취함과 방탕함과 또 그와 같은 것들이라 전에 너희에게 경계한 것같이 경계하노니 이런 일을 하는 자들은 하나님의 나라를 유업으로 받지 못할 것이요"라고 했습니다. 육체만 있기 때문에 이러한 육체의 열매를 맺고 사는 사람을 육에 속한 사람이라고 합니다.

2) 육신에 속한 사람(고전 3:1-7)

헬라어로 몸을 싸르키라고 하는데, 육신에 속한 사람은 싸르키코스라고 합니다. 이 사람은 성령을 받아들이기는 했지만 아직 영적으로 어린 사람입니다. 그래서 영어로는 'infants in Christ'라고 할 수 있습니다. 예수님을 영접하고 하나님의 자녀가 되었지만, 아직 성숙하지 못한 어린아이와 같은 그리스도인을 의미합니다.

3) 영에 속한 사람(고전 2:15)

헬라어로 영은 프뉴마라고 하는데, 영에 속한 사람은 프뉴마티코스라고 합니다. 영어로는 'The Man with the Spirit'입니다. 성령님의 임재를 깨닫고, 성령님과 동행하는 사람입니다.

갈라디아서 5장 22-23절에 "오직 성령의 열매는 사랑과 희락과 화평과 오래 참음과 자비와 양선과 충성과 온유와 절제"라고 했는데, 여기 이 아홉 가지 열매가 성령님의 열매입니까? 아니면 예수 믿는 사람의 열매입니까? 분명히 성경은 성령의 열매라고 했지, 예수 믿는 사람의 열매라고 한 것이 아닙니다. 사람이 스스로 맺을 수 있는 성도의 열매는 아닙니다.

그런데 성령님은 육이 없으신 분이기 때문에 이러한 열매를 실제로 맺을 수 없습니다. 그러니까 성령께서 이러한 열매를 맺으시려면 사람의 몸에 들어와서 그 사람의 몸을 통해서 맺으셔야 합니다. 사람의 육체는 죄악에 길들여져 있고, 육체의 열매를 맺을 수밖에 없는데, 성령께서 그 몸을 가지고 성령의 열매를 맺으려고 하니까 여기에 딜레마가 있습니다. 그런데 성령의 충만함을 받으면, 다시 말해서 성령께서 완전히 사람의 몸을 지배하게 되면, 비로소 이 몸을 통해서 성령의 열매를 맺기 시작합니다. 이러한 사람은 영에 속한 사람 혹은 신령한 자라고 합니다.

우리는 이 세 부류의 사람 중에 어디에 속할까요? 교인 중에는 육에 속한 사람은 없습니다. 육에 속한 사람은 성령님이 그 안에 없는 사람이니까 교회 밖에 있는 영적 이방인들이 육에 속한 사람입니다. 교회 안에 있는 성도는 싸르키코스(육신에 속한 사람)와 프뉴마티코스(영에 속한 사람) 그 중간 어디쯤 있을 것입니다. 모든 그리스도인의 로망은 싸르키코스에서 빨리 벗어나 프뉴마티코스 쪽으로 점점 더 가까이 가는 것, 다르게 말하면 성숙한 그리스도인, 성령 충만한 사람이 되는 것입니다.

그러면 구체적으로 어떤 사람이 성숙한 사람이고 성령으로 충만한 영에 속한 사람입니까?

1. 사랑으로 섬기는 사람

"하나님은 불의하지 아니하사 너희 행위와 그의 이름을 위하여 나타낸 사랑으로 이미 성도를 섬긴 것과 이제도 섬기고 있는 것을 잊어버리지 아니하시느니라"(10절).

여기서 보면 사랑으로 섬기는 사람이 성숙한 사람입니다.

스텐버그(Robert Stenberg)라는 심리학자가 《사랑의 심리학》(The Psychology of Love)이라는 책에서 사랑의 3요소를 말했습니다.

첫째는 친밀감(Intimacy)입니다. 친밀감이 느껴지는 분이 성숙한 사람입니다. 제가 교인들과 식사를 하게 되면 서로 제 옆에는 앉으려고 하지 않습니다. 어떤 경우에 식사를 하시다가 저를 발견하고 깜짝 놀라서 벌떡 일어나서 다른 테이블로 가시는 분도 있었습니다. 왜 교인들이 그러시겠어요? 생긴 것은 이만하면 혐오감을 줄 정도는 아닌데 사람이 왠지 불편한가 봅니다. 저는 이런 일을 당할 때마다 '내가 회개할 것이 많구나!' 하는 생각이 들어요. 서로 가까이 하고 싶어도 부족할 판인데. 가까이 하기에는 너무 먼 당신처럼 느껴지는가 봅니다. 왠지 거리감이 느껴지는 사람이 있죠? 뭔지 모르게 불편한 사람이 있습니다. 성숙한 사람은 누구에게나 편하고 친밀하게 느껴져야 합니다.

둘째는 열정(Passion)입니다. 열정은 사랑하는 대상에게 집중하는 것을 말합니다. 어떤 대상에게 집중하는 것은 열정이나 스토커나 마찬가지입니다. 새벽 1시쯤 깊은 잠에 빠져 있는 사람에게 전화해서 "당신을 사랑합니다"라고 고백하는 것이 열정입니까? 스토커입니까? 스토커는 자기 방식대로 사랑을 표현하는 것이고, 열정은 상대방이 원하는 방식으로 그를 사랑하면서 그에게 집중하는 것입니다.

열정은 무엇에 집중하는 것입니다. 그것으로 가득 차 있는 것입니다. 어떤 사람은 선교에 대한 뜨거운 열정이 있는 분이 있습니다. 이 사람 가슴에는 열방이 가득 차 있기 때문에, 어디서 누구를 만나든지 결국은 선교 이야기만 합니다.

어떤 사람은 가난한 이웃에 대한 열정을 가지고 있습니다. 그 가슴에 가난한 이웃에 대한 열정으로 가득 차 있기 때문에 결국 늘 그런 사람들과 함께 있으면서 그들을 위해 봉사하는 삶을 삽니다. 어떤 사람은 위기 청소년에 대한 열정이 대단합니다. 그래서 그의 가슴에는 그런 아이들이 가득 차 있습니다. 그래서 다른 사람은 미처 생각하지 못했던 좋은 아이디어가 그에게는 많이 떠오르고, 그가 행하는 모든 일이 결국 위기 청소년과 연결되어 있습니다. 어떤 사람은 그의 가슴에 예수님에 대한 열정이 가득 차 있습니다. 그래서 그는 말할 때마다 예수님 이야기를 할 수밖에 없습니다. 이런 것들이 선한 열정입니다. 사람은 이런 선한 열정이 느껴져야 합니다. 그리고 이런 사람이 성숙한 사람입니다.

셋째는 전적인 헌신(Total Commitment)입니다. 사랑하는 대상과 나를 구별하지 않는 것이 전적인 헌신입니다. 그래서 그의 필요를 채워주는 것이 나의 기쁨입니다. 서양 사람들에게 "Thank you"라고 하면 그쪽에서 항상 "My Pleasure"라고 대답합니다. 내가 좋아서 했다는 말이죠. "당신을 돕고, 당신을 위해 봉사하는 것이 나의 기쁨입니다"라는 말입니다.

지금은 잘 모르겠지만 제가 결혼할 당시에는 제가 아주 장가를 잘 가는 상황이었습니다. 제 아내가 저보다 나이가 많이 어렸고, 인물도 저보다는 훨씬 나았고, 게다가 저는 가난한 신학생이었고, 제 아내는 자기 아버지가 의사였던 괜찮은 집의 딸이었습니다. 지금은 헤어졌지만 전에 영화배우 유해진 씨가 김혜수와 사귄다고 하니까 사람들이 깜짝 놀랐던 것처럼, 가끔 저에게도 눈이 똥그래져가지고 어떻게 사모님과 결혼하셨느냐고 묻는 분들이 있었습니다. 제가 결혼에 성공한 이유는 카드 한 장 때문이었는데요, 제 아내 생일날 카드에다 이렇게 썼어요.

"당신이 이 세상에 태어난 것이 나에게도 큰 축복입니다."

이 말 한마디에 감동을 받아 마음이 열려서 가난한 신학생에게 시집까지 오게 된 것 같습니다. 그의 행복을 나의 행복으로 경험하는 것이 사랑입니다.

그러니까 성숙한 사람은 다른 사람과 거리감을 두지 않고 친밀하게 대하고, 나 자신의 기호나 욕망에 집중하는 것이 아니라 그 사람에게 집중하고, 다른 사람에 대한 전적인 헌신으로 그를 사랑하고 섬기는 사람입니다.

2. 부지런하고 게으르지 아니한 사람

《탈무드》에서 사람을 평가하는 기준 셋을 말하는데, 히브리어로 키소, 코소, 카소라고 합니다. 키소는 '돈 주머니'입니다. 그가 돈을 어디에 쓰는가를 보면 그 사람을 알 수 있다고 했습니다. 코소는 '술잔'인데 그가 인생의 기쁨을 어디서 찾는가를 보면 그를 알 수 있다는 것입니다. 카소는 '열정이나 분노'를 말합니다. 무엇을 할 때 신이 나고 어떤 일을 보고 분노하느냐를 보면 그를 알 수 있다는 것입니다.

여러분의 키소, 코소, 카소는 무엇입니까? 여러분은 어디에 돈을 사용하고 있고, 무엇을 통해 기쁨을 누리고, 무엇에 열정을 가지고 일을 하고 있습니까?

"우리가 간절히 원하는 것은 너희 각 사람이 동일한 부지런함을 나타내어 끝까지 소망의 풍성함에 이르러 게으르지 아니하고…"(11-12절 상반절)라고 했는데, 성령 충만한 사람은 자기에게 주어진 일에 열정을 가지고 일을 하는 사람입니다. 부지런하고 게으르지 않은 사람입니다.

1984년 미국 LA 올림픽 때의 일이었다고 합니다. 올림픽 조직위원회에서는 올림픽 개막식에 아주 특별한 행사를 준비하고 있었는데, 미국의 상징인 흰머리 독수리를 훈련시켜 미국 국가가 연주될 때 독수리가 날아가서 성조기에 앉도록 하는 것이었습니다. 그러나 문제가 생겼습니다. 미국의 상징인 흰머리 독수리가 멸종 위기에 놓였기 때문에 이 독수리를 찾을 수가 없었습니다. 오랫동안 찾다가 겨우 한 마리를 어렵게 발견하게 되었습니다. 그런데 독수리를 훈련시키는 트레이너가 독수리를 발견하고 깜짝 놀랐습니다. 왜냐하면 그 독수리는 12년 동안 한 번도 날아본 경험이 없는 독수리였기 때문입니다. 그래서 이 트레이너가 독수리에게 하늘을 나는 법을 가르쳤습니다. 4개월 동안 훈련해서 트레이너의 팔에 겨우 앉는 법을 배웠습니다. 그리고 얼마 안 가서 겨우 소금씩 날기 시작했습니다. 그러나 LA 올림픽 경기장에서 연습하는 중에 독수리가 날다가 추락하여 죽고 말았습니다. 사인은 이 독수리가 무리한 훈련을 받다가 쌓인 스트레스로 심장마비를 일으켜 죽었다고 합니다.

독수리는 새 중의 왕이요 창공 가장 높은 곳에서 땅을 내려다볼 수 있는 특권을 가진 존재입니다. 그런데 아무리 독수리로 태어났다고 해도, 어렸을 때부터 푸른 항공을 나는 비행 훈련을 거듭하지 않으면 결국 날지 못하는 독수리가 되고 맙니다.

세상에 저절로 되는 것은 아무것도 없습니다. 부단히 노력하고 애써야 합니다. 사람이 무능한 것은 죄가 아니지만 게으른 것은 분명히 죄입니다. 성실하지 않으면 좋은 날을 결코 볼 수 없습니다. 이것이 하나님의 뜻이요, 자연의 이치입니다. 성숙한 그리스도인들은 부지런하고 성실해야 합니다. 성숙한 그리스도인이 된다는 말은 생활에 대한 책임감을 가지고 열심히 땀 흘려 일하는 사람이 되어가는 것입니다.

이단에 빠지면 신앙이라는 미명하에 자기 생활에 집중하지 않습니다. 하나님을 신뢰한다는 미명하에 자기 가정을 책임지지 않습니다. 성과 속을 구별하고, 세상에서 우리가 하는 일이 속된 것이라고 정죄하고 하루라도 빨리 벗어나는 것이 거룩해지는 것이라고 가르칩니다. 성숙한 그리스도인은 자기에게 주어진 일에 열정을 가지고 일하는 부지런하고 게으르지 않은 사람입니다.

3. 사람들의 본이 되는 사람

"믿음과 오래 참음으로 말미암아 약속들을 기업으로 받는 자들을 본받는 자 되게 하려는 것이니라"(12절 하반절)고 했습니다. 사람들의 본이 되는 사람이 성숙한 그리스도인입니다.

텔레비전 방송에서 할아버지와 할머니가 퀴즈를 내고 맞추는 장수퀴즈라는 프로그램이 있었습니다. 할아버지가 쪽지에 써 있는 문제를 설명하면 할머니가 설명을 듣고 정답을 빨리 맞추는 스피드 게임이었습니다. 이날 할아버지에게 주어진 문제는 '천생연분'이었습니다.

할아버지가 그 문제를 설명하기를 "당신과 나 사이를 뭐라고 하지?" 그러니까 할머니가 그 자리에서 "웬수!"라고 거침없이 대답했습니다. 너무 의외의 대답에 할아버지가 당황해서 손가락을 펴서 "두 글자 말고 네 글자!" 하니까 할머니가 이번에는 조금도 망설이지 않고 "평생원수!"라고 대답했습니다. 너무 의외의 대답에 거기 있는 모든 사람들이 박장대소를 했습니다.

사회자가 이번에는 선수를 바꾸어서 할머니에게 문제를 드리고 할아버지에게 정답을 맞히라고 했습니다. 정답은 '사랑'이었는데, 할머니가 설명했습니다.

"여자는 뭘 먹고 살지?"

얼마나 설명을 잘하셨습니까? 여자들은 사랑을 먹고 사는 존재입니다. 그런데 이 질문에 할아버지 왈, "등골 빼먹고 살지!"

프로그램을 진행하던 사회자, 거기 있던 방청객, 그 방송을 들었던 전국의 시청자들이 다 뒤로 넘어졌습니다.

할아버지는 천생연분이라고 생각하는데, 할머니는 평생원수라고 생각하고 살았습니다. 할머니는 아내는 사랑을 먹고 산다고 생각하는데 할아버지는 자기 등골 빼먹고 산다고 생각하며 하루이틀도 아니고 평생을 살아왔습니다.

이런 부부가 오늘날 얼마나 많이 있습니까? 평생을 한 집에서 한 솥밥 먹고, 한 이부자리에서 살았는데, 이렇게 전혀 다른 생각을 하고 있다면 얼마나 불행한 일입니까? "이는 내 뼈 중의 뼈요 살 중에 살이라"고 고백하고 서로를 사랑하며 한 마음 한 몸이 되어야 할 부부가 어쩌다 이렇게 되었을까요?

부부가 평생 원수같이 느껴지시는 분도 있을 것입니다. 그래도 끝까지 참고 인내하며 같이 사는 사람이 성숙한 사람입니다. "한 번뿐인 내 인생, 나는 도저히 못 참겠다" 하면서 이제라도 팔자 고치겠다는 분이 혹시 있습니까? '똥파리 피하려다 똥차에 치어 죽은 사람이 있다'는 것을 기억하십시오. 지나고 보면 그래도 구관이 명관입니다. 그러니까 그런 할아버지라도 있을 때 잘하세요.

코미디 황제로 불렸던 배삼룡 씨 아시죠? 2010년에 돌아가셨는데, 배삼룡 씨의 친아들 배동진 씨가 기자들과 인터뷰한 기사를 우연히 읽었습니다. 스타 아버지의 아들로 살면서 마음고생이 적지 않았다고 합니다. 배삼룡 씨가 결혼을 세 번 했는데, 그는 배삼룡의 첫 번째 부인인 서 모 씨와의 사이에서 태어난 장남입니다. 두 번째 부인에게서 두 딸을 낳았다고 합니다. 배동진 씨는 생모를 한 번도 본 적이 없고, 자기가 백일 무렵에 어머니와 이혼을 한 후에 친할머니 손에서 키워지다 두 번째 어머니와 살기도 했고 친척집을 전전하기도 했다고 합니다.

배 씨는 초등학교 1학년 때부터 군대 가기 전인 스무 살 무렵까지 두 번째 어머니와 살았다고 하는데, 이 계모와의 생활이 순탄하지 않았고 언젠가는 학교에 갔다 오니까 말도 없이 집을 이사해 버리기도 했다고 합니다. 배삼룡 씨가 전성기 시절, 자기 아버지가 세금 낸 연예인 중 1, 2위를 할 무렵 그 아들은 춘천에서 구두닦이를 하고 있었다고 합니다.

어린 시절엔 아버지가 보고 싶어 정동에 있는 방송국 앞에서 무작정 기다리다 만난 적도 있었는데, 그럴 때마다 아버지는 주머니에 있던 돈을 몇 푼 쥐어주시곤 집에 가라고 엄포를 놓을 뿐이었다고 했습니다. 배동진 씨는 자신의 소원이 남들처럼 아버지와 함께 목욕탕에 가는 것이었지만 결국 꿈을 이루지 못했다고 아쉬워했습니다.

배삼룡 씨가 죽기 직전 중환자실에서 투병 중에 있을 때, 세 번째 부인인 A씨 측이 이혼을 요구해 왔다고 합니다. 사실은 A씨도 투병 중으로 인지능력이 거의 없는 상태인데, 오빠라는 사람이 대리인을 자처해 이혼소송을 제기해 왔다고 합니다. 이것이 세간에 재산싸움으로 보일까 두려워 이혼해 주었고, 화해조정을 받아들였다고 합니다.

저는 이 기사를 읽으면서 '코미디 황제 배삼룡'이라는 명성 뒤의 짙은 어두운 그림자를 보는 듯했습니다. 결국 코미디의 황제였다는 그에게 남은 것은 아무것도 없었습니다. 명성도, 세 명씩이나 있었던 아내도, 자식들도, 수많은 친구들도, 그 많던 재산도…아무것도 남은 것이 없었습니다. 세상에서 한때 성공했다 하더라도 그의 삶이 본이 되지 않으면 그 최후가 얼마나 초라해지는지 그 생생한 그림을 보는 것 같았습니다.

성숙한 그리스도인은 생활의 본이 되어야 합니다. 신앙생활에 있어서나, 직장생활, 가정생활에 있어서 건강하고 본이 되어야 합니다. 여러분의 자녀들이 우리 아버지같이 살아야겠다고 다짐할 수 있도록 자기 생활에 부끄러움이 없어야 성숙한 그리스도인입니다.

진정한 복이 무엇입니까?

하나님이 아브라함에게 약속하실 때에 가리켜 맹세할 자가 자기보다 더 큰 이가 없으므로 자기를 가리켜 맹세하여 이르시되 내가 반드시 너에게 복 주고 복 주며 너를 번성하게 하고 번성하게 하리라 하셨더니 그가 이같이 오래 참아 약속을 받았느니라 사람들은 자기보다 더 큰 자를 가리켜 맹세하나니 맹세는 그들이 다투는 모든 일의 최후 확정이니라 하나님은 약속을 기업으로 받는 자들에게 그 뜻이 변하지 아니함을 충분히 나타내시려고 그 일을 맹세로 보증하셨나니 이는 하나님이 거짓말을 하실 수 없는 이 두 가지 변하지 못할 사실로 말미암아 앞에 있는 소망을 얻으려고 피난처를 찾은 우리에게 큰 안위를 받게 하려 하심이라 우리가 이 소망을 가지고 있는 것은 영혼의 닻 같아서 튼튼하고 견고하여 휘장 안에 들어가나니 그리로 앞서 가신 예수께서 멜기세덱의 반차를 따라 영원히 대제사장이 되어 우리를 위하여 들어가셨느니라 (히 6:13-20)

오늘 우리나라가 이 땅에 이렇게 존재하는 것은 우선 60대 이상 되신 어르신들의 수고와 땀 덕분이었습니다. 5 · 16 혁명 직후 미국은 군사혁명 세력을 인정하지 않았습니다. 당시 박정희 소장은 경제개발을 위해서 외자(外資)를 유치하기 위해 백악관을 찾았지만, 당시 존 F. 케네디는 끝내 박정희를 만나주지 않았고, 박정희 소장은 호텔에서 통곡하다가 돌아왔다고 합니다.

그 즈음에 서독에서 광부와 간호사를 보내주면, 그들의 봉급을 담보로 1억 4000만 마르크를 빌려주겠다고 했답니다. 그래서 당시 고졸 출신 파독 광부 500명을 모집하는데 무려 4만6천 명이 몰렸고, 그들 중에는 정규 대학을 나온 사람도 수두룩했다고 합니다. 어떤 사람은 면접 볼 때 손이 너무 희고 고와 일을 해보지 않은 사람이라고 떨어질까봐 까만 연탄에 손을 비벼 일부러 거친 손을 만들어 면접에 합격했다는 사람도 있었습니다. 이렇게 해서 차출된 남자 광부들은 독일의 지하 1,000미터 이상의 깊은 땅 속에 들어가서 그 뜨거운 지열과 지독한 냄새를 맡으며 생명을 담보로 일했습니다. 간호사들은 독일의 시골병원에 뿔뿔이 흩어졌고, 말이 통하지 않는 어린 간호사들에게 처음 맡겨진 일은 죽은 사람의 시체를 닦는 일이었습니다. 이 시기에 있었던 그 처절한 이야기는 얼마 전에 흥행했던 영화 "국제시장"을 통해서 국민들의 가슴에 생생하게 남아 있습니다.

당시 한국은 자원도 돈도 없는 세계에서 가장 못사는 나라였습니다. 당시 유엔에 등록된 나라 120개국 중에, 필리핀이 국민소득 170불, 태국이 220불일 때, 한국은 76불이었습니다. 우리 밑에는 달랑 인도만 있었습니다. 세계 120개 나라 중에 인도 다음으로 못사는 나라가 바로 우리 한국이었습니다. 1964년 국민소득 100달러가 되었는데, 국민소득 100달러가 되기까지 단군 할아버지부터 무려 5,000년이라는 긴 세월이 걸렸습니다. 이후에 우리나라 사람들은 잘살아보겠다는 일념으로 돈 되는 일은 무엇이든지 했습니다. 머리카락을 잘라 가발을 만들어 외국에 내다 팔았습니다. 그래서 동네마다 엿장수들이 "머리카락 파세요! 파세요!" 하며 아낙네들의 머리카락을 모았습니다. 이렇게 해서 우리나라 가발산업이 발전했습니다.

전국에 쥐잡기 운동을 벌였습니다. 쥐털로 일명 코리안 밍크를 만들어 외국에 팔았습니다. 이렇게 저렇게 해서 1965년 수출 1억 달러를 달성했습니다. 그러자 세계가 깜짝 놀랐습니다. '한강의 기적'이라고 전 세계가 경이적인 눈빛으로 우리를 바라보기 시작했습니다. 또 월남전에 파병이 되어 전사자만 5천 명이 넘었지만, 참전용사들의 수당 일부로 경부고속도로가 건설되었고, 이를 바탕으로 우리 한반도에 동맥이 힘차게 흐르기 시작했습니다.

뿐만 아니라 1970년대에는 중동 건설현장에서 40도를 넘는 사막의 열풍과 싸웠습니다. 88년 올림픽을 개최하기 전에만 해도 우리나라는 어디에 붙어 있는 나라인지도 잘 알지 못하는 나라였고, 아는 것이 있다면 전쟁으로 잿더미가 된 나라라고만 알려졌습니다.

여기 계신 60대 이상 되신 분들은 이런 우리 민족사와 함께 살아오신 분들인데, 이렇게 살았던 우리나라가 지금은 국민소득 3만 불 시대를 맞이하게 되었고, 7백50만 한인 디아스포라들이 전 세계 180개국에 흩어져 살고 있고, 세계 10대 경제대국으로 성장하게 되었습니다. 이렇게 된 것은 그 지독한 가난과 싸우며 일하면서도 어떻게 해서든지 자식들을 공부시켜야겠다고 병들어 죽어 가는 줄도 모르고 일하셨던 우리의 자랑스런 아버지와 어머니 세대들이 있었기 때문입니다.

뿐만 아니라 우리 민족을 특별히 사랑해주시는 하나님의 은혜였다고 고백하지 않을 수 없습니다. 좀 더 냉정하게 생각해 보면 아시아에서 가장 작은 반도국가, 그것도 아직까지도 분단된 나라, 언제 다시 전쟁이 일어나게 될지 누구도 예측할 수 없는 나라, 그래서 엄청난 국방비를 한없이 지출해야 하는 나라, 자원은 하나도 없고, 게다가 전쟁 후 60년이란 시간이 지났고 여러 번 정권이 바뀌었지만 온 국민들이 가슴으로 믿고 존경하며 따를 정치 지도자 하나 제대로 없이 한도 끝도 없는 정치적인 혼란만 오늘까지도 거듭하고 있는 나라입니다. 그럼에도 불구하고 'Korea Dream'이라는 말까지 생겨서 우리나라에 수많은 외국 노동자들이 몰려들고 있고, 한류 열풍이라고 해서 아시아 어느 나라를 가더라도 저도 모르는 우리나라 연예인들 이름을 모르는 사람이 없을 정도입니다.

작년에 노회 시찰회에서 중국에 장로님들과 같이 여행을 갔는데, 중국 젊은 여자아이들이 우리가 한국 사람이라는 것을 알고는 자기들은 한국 남자들을 좋아한다면서 같이 사진 한번 찍어 달라고 했습니다. 그래서 우리 늙수구리한 장로님들이 그 여자아이들이랑 같이 폼 잡고 사진을 찍었습니다. 아마 그 아이들은 그날 밤 자기 친구들에게 한국 남자하고 사진 찍었다고 엄청 자랑하고 다녔을 것입니다.

제가 호주에서 살 때 우리 큰애가 시드니대학에 다니고 있었는데, 학교 갔다 오더니 "아빠, 강남 스타일 알아?" 하고 묻더군요. 저는 그날 강남 스타일이라는 말을 처음 들었습니다. "뭔데?" 그랬더니 "우리 학교 애들이 다 봤다고 난리여서 나도 한번 봤는데, 조회수가 1억이 넘어서 깜짝 놀랐다"라고 하였습니다.

그 소리를 듣고 저도 애국심이 발동해서 유투브에 들어가서 봤습니다. 그리고 얼마 있으니까, 제가 어디 가서 코리안이라고 하면 바로 엄지손가락을 척 펴면서 "강남 스타일!" 하면서 한국 사람이라면 누구나 강남 스타일을 다 하는 줄 알고 해보라고 해서 저도 꽤 여러 번 말춤을 췄습니다.

영적으로 세계 20대 초대형교회 중에 10개가 한국에 있고, 두 번째 선교 강국이 되어 있는 나라, 이제 세계교회가 한국교회를 빼놓고는 이야기할 수 없는 시대가 되었습니다.

이런 나라가 될 수 있었던 이유가 도대체 무엇입니까? 우리 민족을 특별히 사랑하시는 하나님 은혜라고 대답하는 것 이상, 더 이상 어떻게 설명할 수 있겠습니까? 오늘 본문에 하나님께서 맹세까지 하시며 약속하신 것이 있습니다. "내가 반드시 너에게 복 주고 복 주며 너를 번성하게 하고 번성하게 하리라"(14절), 이 말씀을 믿습니까?

"그 뜻이 변하지 아니함을 충분히 나타내시려고 그 일을 맹세로 보증하셨나니"(17절)라고 했습니다. 하나님께서 맹세까지 하시면서 반드시 복 주고 복 주며 번성케 하고 번성케 하리라고 했습니다. 예수님께서 산상보훈에서 "맹세하지 말라"고 분명히 하셨습니다. 레위기 19장 12절에는 "내 이름으로 맹세하지 말라, 이는 너희 하나님을 모독하는 일이다"라고 했습니다. 이렇게까지 말씀하신 분이 당신 자신이 맹세까지 하시면서 반드시 복 주고 복 주며, 번성케 하고 번성케 하시겠다고 했습니다. 하나님이 우리에게 약속하신 대로 우리에게 이미 많은 복을 주셨고, 또 앞으로도 반드시 복을 더 주실 것입니다. 하나님이 맹세까지 하면서 약속하셨으니 절대로 변할 수 없습니다.

그런데 여기서 말하는 복이 무엇인가, 그것이 중요합니다. 복이라는 개념은 문화권에 따라 각각 다릅니다. 일부다처제를 인정하는 아랍이나 이슬람 국가에서는 아내가 많을수록 복을 많이 받은 사람입니다. 우리나라에서는 이런 사람은 팔자가 사나운 사람입니다. 우리나라에서는 오복이라고 했습니다.

① 수(壽): 장수하는 것

② 부(富): 물질적으로 넉넉하게 사는 것

③ 강녕(康寧): 몸이 건강하고 마음이 편안한 것

④ 유호덕(攸好德): 도덕 지키기를 좋아하는 것

⑤ 고종명(考終命): 제 명대로 살다가 편히 죽는 것

본문은 히브리인들에게 보내는 편지이니까 히브리인들이 말하는 복을 주시겠다는 말씀이 아니겠습니까? 히브리인들이 가지고 있는 복의 개념이 무엇일까요? 히브리 사람들이 복을 말할 때 사용하는 대표적인 3가지 단어가 있습니다.

1. 아솨르(Ashre)

아솨르는 '똑바로 가다'라는 뜻입니다. 시편 1편 1절에 "복 있는 사람은 악인들의 꾀를 따르지 아니하며 죄인들의 길에 서지 아니하며 오만한 자들의 자리에 앉지 아니하고"라고 했습니다. 여기서 보면 복 있는 사람은 잘못된 길에 들어서지 않고 똑바로 길을 제대로 가는 사람, 다시 말해서 아솨르하는 사람이라고 했습니다.

요나는 니느웨로 가는 배를 탔어야 복을 받습니다. 그런데 그가 그 길을 걷지 않고 다시스로 가는 배를 탔기 때문에 풍랑이 일었고, 결국 그는 바다에 던져져서 큰 물고기 뱃속에까지 들어가게 되었습니다.

그러면 지금 여러분은 똑바로 바른 길을 걷고 있습니까? 복 받는 길을 걷고 있습니까? 거의 대부분의 사람들은 자기가 길을 제대로 가고 있다고 생각합니다. 그런데 실제로는 전혀 그렇게 가고 있지 않다는 데 문제가 있습니다.

이제 우리나라에도 골프를 치는 분들이 많아졌는데, 드라이브를 칠 때 공이 엉뚱한 방향으로 날아가는 경우가 종종 있습니다. 공을 잘 못 쳤다고 씩씩거리는데, 옆에 있는 다른 사람이 보기에는 그 사람이 서기를 그렇게 섰습니다. 스탠스가 잘못되었습니다. 그런데 자기가 서기를 잘못했다고 생각하고 공을 치는 사람은 아무도 없습니다. 자기는 제대로 잘 섰다고 생각하고 잘 쳤다고 생각하는데, 공은 엉뚱한 방향으로 날아갑니다.

자기는 분명히 똑바로 섰다고 생각하지만, 다른 사람이 보면 잘못 섰습니다. 이상합니다. 왜 자기 눈에는 보이지 않는데 다른 사람의 눈에는 보이는지…. 일부러 엉뚱한 방향으로 공을 치는 사람도 없고, 잘못된 길을 일부러 가는 사람도 없습니다. 똑바로 보고 바른 길로 간다는 것이 그릇된 길로 가고 있습니다. 그래서 생각하지 않았던 고생을 하게 되고, 주님이 그렇게 주시고자 하는 복을 제대로 누리지 못합니다. 똑바로 길을 제대로 가려면 두 가지를 반드시 기억해야 합니다.

첫째는 목표가 분명해야 합니다. 우리의 초점이 예수 그리스도에게 분명히 고정되어 있어야 중간에 다소 흔들림이 있다 하더라도 결국에는 그리로 갈 수 있습니다. 둘째는 우리의 걸음을 인도하시는 성령님을 의지해야 합니다. "성령님, 오늘도 내 걸음을 인도해 주옵소서. 내 마음의 생각을 주장하옵소서. 내 눈의 시선을 이끌어 주옵소서"라고 늘 고백하고 그분의 인도하심을 따라 살아야 합니다. 예수 그리스도에게 우리의 시선을 고정하고 성령님의 인도하심을 따라 한 걸음 한 걸음 나아가면 풍성한 복을 받게 되어 있습니다.

2. 바라크(Barak)

하나님이 아브라함에게 말씀하시기를 "너를 축복하는 자에게는 내가 복을 내리고 너를 저주하는 자에게는 내가 저주하리니 땅의 모든 족속이 너로 말미암아 복을 얻을 것이라"(창 12:3)고 하셨습니다. 여기서 말씀하신 복이 바라크입니다.

그런데 바라크라는 말의 뜻은 "무릎을 꿇다"입니다. 하나님 앞에 무릎을 꿇는 것 그 자체가 복입니다. 우리는 예배를 통해서 무슨 복을 따로 받는 것이 아니라 하나님 앞에 무릎을 꿇는 것 그 자체가 복입니다.

광야에 살던 이스라엘 백성들이 불평하다가 불뱀에 물렸습니다. 여기저기서 신음하며 죽어 갔을 때 "모세가 회막문 앞에 엎드렸더라"고 했습니다. 회막문 앞에 엎드리면 살길이 열리고 하나님의 복이 임합니다.

혹시 낙타를 타보셨나요? 저는 낙타를 몇 번 타보면서 두 가지 강렬한 인상을 받았는데, 첫째는 낙타의 입에서 나는 냄새가 아주 지독하다는 것이고, 또 하나는 낙타가 손님을 태우기 전에 무릎을 척 꿇고 엎드리는데, 하도 많이 무릎을 꿇어서 완전히 굳은살이 박혀 있었습니다. 낙타 무릎처럼 기도하는 무릎이 하나님의 복이 임하는 통로입니다. 하나님 앞에 무릎을 꿇고 엎드리는 것(바라크)이 참된 복입니다.

3. 야타르(Yatar)

"너는 네 하나님 여호와께서 명령한 대로 네 부모를 공경하라 그리하면 네 하나님 여호와가 네게 준 땅에서 네 생명이 길고 복(야타르)을 누리리라"(신 5:16)고 했는데, 여기서는 야타르라는 단어를 사용했습니다. 야타르는 선하게 사는 것을 뜻합니다.

부모를 공경하는 것은 모든 선의 가장 기본입니다. 부모를 공경하는 사람이 거짓말을 하겠습니까? 도둑질을 하겠습니까? 간음을 하겠습니까? 그래서 "부모를 공경하라"는 계명을 지키면 모든 계명을 다 지키는 것이라는 말까지 있습니다. 복은 어디서 어쩌다 뚝 떨어지는 어떤 것이 아니라 선하게 하루하루를 살아야 복이 임합니다. 선하게 하루하루를 살면 결과적으로 복을 받게 될 것이고, 악하게 살면 혹시 로또 복권이 당첨되었다 하더라도 결국 그 풍성한 복을 누리지 못하고 슬픔과 탄식 속에 살 수밖에 없습니다.

어느 고등학교 3학년 학생이 신학대학교 앞으로 편지를 썼습니다.

"저는 비록 공부는 못하지만 신앙심이 깊은 고등학생입니다. 다름이 아니라 제가 최근 선교사님들의 활동을 그린 영화를 보고 나서 가슴속으로 크게 느낀 바 있어 신학대학에 가기로 진로를 결정했습니다. 그런데 문제는 제 성적이 워낙 안 나온다는 것입니다. 아직 영어도 제대로 못 읽고, 국어, 수학 등도 반에서 거의 꼴찌 수준입니다. 제가 신학교를 가겠다고 하니까 다들 비웃고 놀리더군요. 하지만 저는 선교사의 꿈을 포기하지 않을 겁니다. 훌륭한 선교사가 되어 하나님 나라의 일꾼이 되고 싶습니다."

며칠 후 신학대학교에서 답장이 왔습니다.

"하나님 나라를 위해 계획을 포기해 주실 것을 간곡히 부탁드립니다."

하루하루 선하게 그리고 성실하게 살지 않고는 하나님이 예비하신 복을 받을 수가 없습니다. 그런데 문제는 원하는 바 선을 행하지 못하고 원치 아니하는 바 악을 행하고 있는 우리의 실존이 문제입니다. 어떻게 해야 이 딜레마에서 벗어날 수 있습니까? 우선 정직하게 인정해야 합니다. 하나님 앞에서 또 사람 앞에서 내가 원하는 바 선을 행하지 못하고 원치 않는 바 악을 행할 수밖에 없는 곤고한 사람이라고 고백해야 합니다. 그리고 성령님의 도우심을 진정으로 구하시기 바랍니다. 그러면 보혜사 성령님께서 도와주실 것입니다. 성령께서 내미신 손을 붙잡고 하루하루 성실하게 선을 행하며 살면 반드시 풍성한 복을 받고 번성케 될 것입니다.

주님이 우리에게 주시는 복은 돈이나 명예나 그 어떤 것이 아닙니다. 아솨르(Ashre), 예수님에게 시선을 고정하고, 성령님의 인도하심을 따라 날마다 똑바로 걸어가는 것이 복입니다. 그리고 바라크(Barak), 낙타처럼 주님 앞에 무릎을 꿇는 것이며, 야타르(Yatar), 매일매일 선하게 성실하게 사는 것이 복입니다. 이렇게 살아서 하나님께서 맹세까지 하면서 주시겠다던 이 참된 복을 받아 누릴 수 있기를 바랍니다.

멜기세덱의 반차이신 예수님

이 멜기세덱은 살렘 왕이요 지극히 높으신 하나님의 제사장이라 여러 왕을 쳐서 죽이고 돌아오는 아브라함을 만나 복을 빈 자라 아브라함이 모든 것의 십분의 일을 그에게 나누어 주니라 그 이름을 해석하면 먼저는 의의 왕이요 그 다음은 살렘 왕이니 곧 평강의 왕이요 아버지도 없고 어머니도 없고 족보도 없고 시작한 날도 없고 생명의 끝도 없어 하나님의 아들과 닮아서 항상 제사장으로 있느니라 이 사람이 얼마나 높은가를 생각해 보라 조상 아브라함도 노략물 중 십분의 일을 그에게 주었느니라 레위의 아들들 가운데 제사장의 직분을 받은 자들은 율법을 따라 아브라함의 허리에서 난 자라도 자기 형제인 백성에게서 십분의 일을 취하라는 명령을 받았으나 레위 족보에 들지 아니한 멜기세덱은 아브라함에게서 십분의 일을 취하고 약속을 받은 그를 위하여 복을 빌었나니 논란의 여지 없이 낮은 자가 높은 자에게서 축복을 받느니라 또 여기는 죽을 자들이 십분의 일을 받으나 저기는 산다고 증거를 얻은 자가 받았느니라 또한 십분의 일을 받는 레위도 아브라함으로 말미암아 십분의 일을 바쳤다고 할 수 있나니 이는 멜기세덱이 아브라함을 만날 때에 레위는 이미 자기 조상의 허리에 있었음이라 레위 계통의 제사 직분으로 말미암아 온전함을 얻을 수 있었으면 (백성이 그 아래에서 율법을 받았으니) 어찌하여 아론의 반차를 따르지 않고 멜기세덱의 반차를 따르는 다른 한 제사장을 세울 필요가 있느냐 제사 직분이 바꾸어졌은즉 율법도 반드시 바꾸

어지리니 이것은 한 사람도 제단 일을 받들지 않는 다른 지파에 속한 자를 가리켜 말한 것이라 우리 주께서는 유다로부터 나신 것이 분명하도다 이 지파에는 모세가 제사장들에 관하여 말한 것이 하나도 없고 멜기세덱과 같은 별다른 한 제사장이 일어난 것을 보니 더욱 분명하도다 그는 육신에 속한 한 계명의 법을 따르지 아니하고 오직 불멸의 생명의 능력을 따라 되었으니 증언하기를 네가 영원히 멜기세덱의 반차를 따르는 제사장이라 하였도다 전에 있던 계명은 연약하고 무익하므로 폐하고 (율법은 아무것도 온전하게 못할지라) 이에 더 좋은 소망이 생기니 이것으로 우리가 하나님께 가까이 가느니라 또 예수께서 제사장이 되신 것은 맹세 없이 된 것이 아니니 (그들은 맹세 없이 제사장이 되었으되 오직 예수는 자기에게 말씀하신 이로 말미암아 맹세로 되신 것이라 주께서 맹세하시고 뉘우치지 아니하시리니 네가 영원히 제사장이라 하셨도다) 이와 같이 예수는 더 좋은 언약의 보증이 되셨느니라 제사장 된 그들의 수효가 많은 것은 죽음으로 말미암아 항상 있지 못함이로되 예수는 영원히 계시므로 그 제사장 직분도 갈리지 아니하느니라 그러므로 자기를 힘입어 하나님께 나아가는 자들을 온전히 구원하실 수 있으니 이는 그가 항상 살아 계셔서 그들을 위하여 간구하심이라 이러한 대제사장은 우리에게 합당하니 거룩하고 악이 없고 더러움이 없고 죄인에게서 떠나 계시고 하늘보다 높이 되신 이라 그는 저 대제사장들이 먼저 자기 죄를 위하고 다음에 백성의 죄를 위하여 날마다 제사 드리는 것과 같이 할 필요가 없으니 이는 그가 단번에 자기를 드려 이루셨음이라 율법은 약점을 가진 사람들을 제사장으로 세웠거니와 율법 후에 하신 맹세의 말씀은 영원히 온전하게 되신 아들을 세우셨느니라 (히 7:1-28)

어느 날 아빠가 회사에서 갑자기 해고를 당하는 바람에 온 가족이 뿔뿔이 흩어지게 되었습니다. 아빠가 할 수 없이 가족들을 다 모아놓고 한숨을 쉬며 이야기를 꺼냈습니다.

“당분간 우리 가족이 각자 떨어져서 살아야 될 것 같소.”

그러자 아내가 애써 눈물을 감추며 물었습니다.

"여보, 우리 아이들은 어디로 보내죠?"
"애들은 당분간 외갓집에 보냅시다."
"그럼 저는요?"
"당신은 친정에 가 있구려."
"그럼 당신은요?"
"응, 나는 처갓집에 가려고 합니다."

이 사람이 회사에서 해고당한 이유를 충분히 짐작할 수 있겠죠? 애들의 외갓집이나 친정이나 처갓집이 말만 다르지 실제로는 같은 실체입니다. 사람들이 당면한 어떤 문제를 해결하겠다고 이런저런 이야기들을 말을 바꾸어가며 장황하게 설명하지만, 결국은 그 말이 그 말이고 전혀 해결책이 되지 못하고, 무슨 문제를 해결한다고 하지만 실제로는 달라지는 것이 하나도 없는 경우들이 많습니다.

학생들은 성적이 잘 오르지 않는다고 학원을 바꾸어 보고 과외 선생님도 바꾸어 보지만 결국은 마찬가지이고, 사업하시는 분들도 잘 안 된다고 점포를 이전하기도 하고 아이템을 바꿔 보기도 하지만 결국은 마찬가지이고, 목사님들도 교회 부흥이 잘 안 된다고 이것도 해 보고 저것도 해 보지만 결국 안 되는 것은 마찬가지입니다. 외갓집과 친정 그리고 처갓집을 돌아다니는 것 같은 인생을 사시는 분들이 있습니다. 내가 꼭 이렇게 살고 있는 것 같다는 생각이 드시는 분들은 오늘 본문의 말씀을 통해서 끝도 없이 떨어졌던 수렁에서 벗어나는 놀라운 은혜를 경험하게 되시기를 바랍니다.

히브리서의 총 주제는 예수님이 영원하시고도 참되신 대제사장이심을 증언하는 것입니다. 그래서 히브리서 전반부에서 예수님을 무엇이라고 말했습니까?

1) 천사보다 뛰어나신 분(1:4-2:18)

2) 모세보다 뛰어나신 분(3:1-19)

3) 여호수아보다 뛰어나신 분(4:1-13)

4) 제사장 아론보다 뛰어나신 분(5:1-14)

오늘 본문은 제사장 아론보다 뛰어나신 분임을 증거하기 위해서 예수님은 멜기세덱의 반차를 좇는 영원한 대제사장이라고 했습니다. 히브리서 6장 마지막 20절에서 "…예수께서 멜기세덱의 반차를 따라 영원히 대제사장이 되어 우리를 위하여 (휘장에) 들어가셨느니라"고 끝맺으면서 오늘 본문 히브리서 7장으로 넘어오게 됩니다.

멜기세덱은 신비한 사람이었습니다. "아버지도 없고 어머니도 없고 족보도 없고 시작한 날도 없고 생명의 끝도 없어 하나님의 아들과 닮아서 항상 제사장으로 있느니라"(3절)고 했습니다. 아버지도 없고 어머니도 없는 사람이 있을 수 있겠습니까? 태어난 날도 없고, 죽은 날도 없는 사람이 있을 수 있습니까? 만일 이런 사람이 있다면 이 사람이 신입니까? 아니면 사람입니까? 이것이 멜기세덱의 신비입니다.

그의 이름을 분석해 보면, 멜기세덱은 멜기와 세덱의 합성어인데, 멜기의 원형은 멜렉 왕이고, 멜기라고 하면 나의 왕이라는 뜻입니다. 세덱은 의(義, Justice)입니다. 그러니까 이름을 직역하면 "나의 왕은 의"라는 뜻이 됩니다. 그런데 이 사람이 어느 나라의 왕이라고 했습니까? "살렘의 왕"이라고 했습니다. 살렘의 원형은 '샬롬' 평강입니다. 그러니까 '평강의 왕'이라는 뜻입니다. 그래서 "그 이름을 해석하면 먼저는 의의 왕이요 그 다음은 셀렘 왕이니 곧 평강의 왕이요"(2절 하)라고 했습니다.

그런데 여기서 의와 평강의 순서가 중요합니다. 언제나 의가 있는 곳에 평강이 있습니다.

> "그러므로 우리가 믿음으로 의롭다 하심을 받았으니 우리 주 예수 그리스도로 말미암아 하나님과 화평(평강)을 누리자"(롬 5:1).

여기서도 의롭다 하심을 얻는 것이 먼저이고, 그렇게 되면 하나님으로 더불어 화평(평강)을 누리게 됩니다.

> "하나님의 나라는 먹는 것과 마시는 것이 아니요 오직 성령 안에 있는 의와 평강과 희락이라"(롬 14:17).

이 말씀에서도 "의 → 평강 → 희락"이라는 순서가 중요합니다.

이것을 거꾸로 이야기하면 희락(참된 기쁨)은 평강에서 오고, 평강은 의에서 옵니다. 결국 의에서 평강과 희락이 임합니다. 그렇다면 핵심은 의입니다. 여러분, 의가 무엇입니까? 의는 하나님과의 온전한 관계입니다. 그렇다면 죄는 하나님과의 관계가 깨어진 것입니다.

아담 이후 하나님과의 깨어진 관계를 회복하기 위해서 하나님이 가장 먼저 주신 것이 율법입니다. 만일 인간이 온전히 율법을 지킬 수만 있었다면 이 율법을 통해서 인간과 하나님은 깨어진 관계를 회복할 수 있었을 것입니다. 그러나 불행하게도 인간은 이 율법을 온전히 지킬 수 없었습니다.

그래서 하나님께서 또 다른 길을 제시하셨는데, 그것이 무엇이겠습니까? 제사입니다. 비록 율법을 지키지 못했다 하더라도, 이스라엘은 제사를 통해서 그들의 죄를 씻고 하나님 앞에 나아갈 수 있게 되었고, 하나님과의 관계를 회복할 수 있었습니다. 결국 논리적으로 말하면 온전한 제사를 통해서 의가 이루어지고, 의가 이루어지면 평강이 임하고, 평강이 임하면 희락을 맛보게 되는 것입니다. 결국 문제는 온전한 제사입니다.

구약 시대에 이 제사를 누가 집전했습니까? 제사장입니다. 제사장은 레위 지파 사람들에게 위임되었습니다. 이스라엘 백성 중에서 아무리 인격적으로 성숙하고, 잘 훈련된 사람이라고 해도 레위 지파가 아니면 제사장이 될 수 없었습니다. 특별히 대제사장은 레위 지파 가운데서도 아론의 아들들이 세습적으로 맡았습니다.

여러분도 아시다시피 하나님은 레위 지파를 특별히 구별하셨습니다. 민수기 1장에서 백성들의 수를 계수할 때에도 레위 지파는 따로 구별했고, 그들은 성막 주변에서 성전의 일을 돌보게 했습니다. 그들은 전쟁에 나가지 않았고, 약속의 땅에 들어갔을 때 그들에게는 땅을 기업으로 주지 않았습니다. 그리고 백성들의 십일조를 받아

살도록 했습니다. 하나님은 민수기 3장 12절, 45절에서 "레위인은 내 것이라"고 분명히 선언하셨습니다. 레위인을 하나님이 특별히 구별하신 것은 그들에게 성전에서 백성들을 위하여 제사하는 일을 맡기기 위함이었습니다.

이스라엘에게 있어서 제사는 하나님과의 깨어진 관계를 회복하는 것이요, 하나님을 만나는 길이었기 때문에 하나님은 아예 한 지파를 따로 구별해서 이 일에 전념하도록 했습니다. 이렇게 제사는 중요하고 귀한 것입니다. 그런데 문제는 다음에 있습니다.

> "레위 계통의 제사 직분으로 말미암아 온전함을 얻을 수 있었으면(백성이 그 아래에서 율법을 받았으니) 어찌하여 아론의 반차를 따르지 않고 멜기세덱의 반차를 따르는 다른 한 제사장을 세울 필요가 있느냐"(11절).

무슨 말입니까? 레위인들이 집전하는 제사를 통해서 하나님과의 깨어진 관계가 회복되었으면 좋았겠는데, 불행하게도 그렇게 되지 못했다는 뜻입니다. 그래서 또 다른 제3의 길이 필요했습니다. 왜 제3의 길입니까? 첫 번째 길은 율법, 두 번째 길은 제사, 그러면 세 번째 길은 무엇입니까? "멜기세덱의 반차를 따르는 다른 한 제사장"이라고 했습니다. 멜기세덱의 반차를 따르는 다른 한 제사장은 구체적으로 누구입니까? 예수 그리스도입니다. 이것이 히브리서의 총결론입니다. 결국 하나님과의 관계를 회복하는 가장 온전한 길은 율법도 아니요, 제사도 아니요, 예수 그리스도를 믿는 믿음입니다.

예수 그리스도를 믿음으로 하나님과의 관계가 회복되어 의를 이루고, 이 의가 우리를 평강의 나라로 인도하고, 우리는 그 평강의 나라에서 참된 희락의 기쁨을 맛볼 수 있게 되는 것입니다.

오늘 본문인 히브리서 7장을 얼핏 읽으면 멜기세덱의 크고 위대함을 말하고 있는 것 같습니다. 그러나 본문의 주인공은 멜기세덱이 아니라 예수 그리스도입니다. 본문은 레위 지파의 제사장과 멜기세덱을 비교하면서 멜기세덱의 뛰어남을 말하고 있는데, 이는 멜기세덱의 반차를 좇는 예수 그리스도가 가장 온전한 대제사장이요, 예수 그리스도를 통해서만 하나님의 의가 온전히 이루어졌음을 증거하기 위함입니다.

그러면 다시 본문으로 돌아가서 멜기세덱이 레위 지파의 제사장보다 얼마나 뛰어난지를 생각해 봅시다.

1) 본문 4절에, "이 사람이 얼마나 높은가를 생각해 보라 조상 아브라함도 노략물 중 십분의 일을 그에게 주었느니라"고 했습니다.

창세기 14장을 보면 아브람이 조카 롯을 구하기 위하여 그의 집에 있었던 사병 318명을 데리고 단까지 올라가서 그돌라오멜과 그와 함께한 왕들을 파하고 돌아올 때에 멜기세덱이 떡과 포도주를 가지고 나와서 아브람을 축복했습니다. 이때 아브람이 전쟁에서 얻은 것에서 십분의 일을 멜기세덱에게 주었습니다. 이것은 십일조의 가장 오래된 근거이기도 합니다. 그런데 18절을 보면 "그(멜기세덱)는 지극히 높으신 하나님의 제사장이었더라"고 했습니다.

레위 지파는 하나님이 정한 법으로 다른 지파에게서 십일조를 받았습니다. 그러나 멜기세덱의 경우는 법으로 강제 집행된 것이 아니라, 아브라함이 자발적으로 그에게 십일조를 드렸습니다. 법으로 어쩔 수 없이 드린 십일조와 자발적으로 드린 것과는 분명히 차이가 있습니다. 무엇이 더 순수하고 더 온전한 십일조 예물입니까? 이런 의미에서 레위 지파나 멜기세덱이나 다같이 십일조를 받았지만, 멜기세덱이 받았던 십일조가 훨씬 더 온전하기 때문에, 멜기세덱은 레위 지파 제사장보다 훨씬 뛰어나다는 논리입니다.

2) 7절에, "논란의 여지 없이 낮은 자가 높은 자에게서 축복을 받느니라"고 하였습니다. 멜기세덱이 아브라함에 복을 빌었다는 것은 누가 누구보다 높다는 뜻입니까? 멜기세덱이 아브라함보다 더 높다는 뜻입니다. 멜기세덱이 아브라함보다 높다는 것은 아브라함의 자손 중에 하나인 레위 지파의 제사장보다 멜기세덱이 더 높다는 뜻입니다.

3) 8절에, "또 여기는 (레위인) 죽을 자들이 십분의 일을 받으나 저기는 (멜기세덱) 산다고 증거를 얻은 자가 받았느니라"라고 하였습니다. 레위 지파의 제사장은 죽었습니다. 그렇기 때문에 많은 레위인 제사장이 필요했습니다. 그러나 멜기세덱은 죽지 않은 제사장입니다. 3절에서 멜기세덱은 시작한 날도 없고, 생명의 끝이 없다고 했습니다. 그래서 단 한 사람이면 충분했습니다. 이런 의미에서 멜기세덱은 레위 지파 제사장보다 크다는 이야기입니다.

4) 9절에, "또한 십분의 일을 받는 레위도 아브라함으로 말미암아

십분의 일을 바쳤다고 할 수 있나니"라고 하였습니다. 무슨 뜻입니까? 아브라함은 이스라엘의 조상이죠? 아브라함은 그 자손들의 대표성이 있는 사람이기 때문에 아브라함이 멜기세덱에게 십일조를 바쳤다는 것은 아브라함의 후손 중의 하나인 레위도 멜기세덱에게 십일조를 바친 것이나 마찬가지라는 말입니다. 결국 레위 지파의 제사장은 그들이 이스라엘 백성들에게서 받은 십일조를 멜기세덱에게 바친 꼴이 된 것입니다. 이런 의미에서 멜기세덱은 레위 지파 제사장보다 더 크고 위대하다는 것을 의미합니다.

지금까지 멜기세덱이 레위 지파의 제사장보다 뛰어나다는 4가지 증거를 말했습니다. 그러나 아까 말씀드린 대로 본문의 주인공은 멜기세덱이 아니라 멜기세덱의 반차를 좇아 우리의 영원한 대제사장이 되시는 예수 그리스도입니다. 그래서 본문 11-25절에서는 예수 그리스도의 대제사장직을 말하고 있습니다.

1) 우리가 아는 대로 예수님은 혈통으로는 유다 지파의 후손이었습니다. 그래서 율법으로 말한다면 절대로 제사장이 될 수 없는 분입니다. 우선 예수님은 레위 지파 제사장은 분명히 아닙니다. 그러나 아버지도 없고 어머니도 없다는 멜기세덱처럼, 예수님은 비록 유다 지파였지만 우리의 가장 온전하고 영원하신 대제사장이 될 수 있습니다(14-15절). 이런 의미에서 예수님은 멜기세덱의 반차를 좇는 영원하시고도 참되신 대제사장입니다.

2) 하나님이 예수님을 대제사장이라고 증거하셨습니다(17절). 이 말씀은 시편 110편을 인용한 말씀인데, 시편 110편은 메시아에 대한 시입니다. 특별히 4절을 보면 "여호와는 맹세하고 변하지 아니하시리라 이르시기를 너는 멜기세덱의 서열을 따라 영원한 제사장이라 하셨도다"라고 하였습니다. 이것은 일종의 선언입니다. 여러분, 이것은 하나님이 맹세까지 하면서 하신 말씀입니다(7:21). 하나님이 예수 그리스도를 향하여 "너는 멜기세덱의 반차를 따르는 영원한 제사장이라"라고 선언하셨습니다. 그러니 더 이상 우리가 무슨 변론이 필요하겠습니까?

3) "이와 같이 예수는 더 좋은 언약의 보증이 되셨느니라"(22절)고 하였습니다. 예수께서 더 좋은 언약의 보증이 되셨다고 합니다. 구체적으로 말하면 율법이나 제사보다 더 좋은 언약의 확실한 보증이시라는 말입니다. 여기서 보증이라는 개념을 사용했는데, 보증 잘못 섰다가 망하는 사람이 아주 많습니다. 보증인을 왜 세웁니까? 만일 이 사람이 돈을 갚을 수 없으면 보증인이 책임을 지라는 말입니다. 만일 어떤 문제가 생기면 보증인이 그 책임을 지고 그것을 해결해야 합니다. 그러니까 보증을 서는 것은 대단히 신중하게 생각해야 합니다.

그러므로 예수님이 언약의 보증이시라는 말은 만일 하나님과의 관계, 즉 의에 문제가 발생한다면 예수님이 책임을 지시겠다는 말입니다. 그것이 십자가 사건이었습니다. 십자가는 언약의 보증 사건으로 본래는 우리가 우리의 죄를 책임져야 하는데, 우리가 그것을 감당할 수 없기 때문에, 언약의 보증이신 예수님이 그 짐을 다 대신 당하신 것입니다.

논리가 조금 복잡해졌는데, 그러면 다시 처음부터 이야기를 정리해 봅시다.

1) 의와 평강이라는 말의 순서가 중요하다고 했습니다. 의가 이루어져야 평강과 희락이 임하는데, 의는 하나님과의 관계를 회복하는 것을 말합니다.

2) 이 의의 문제를 해결해 보기 위해서 첫 번째 나선 타자가 율법이었습니다. 그런데 율법으로는 하나님과의 깨어진 관계를 회복할 수 없었습니다. 오히려 자기가 죄인일 수밖에 없다는 것을 발견하게 되었습니다.

3) 두 번째 타자는 무엇입니까? 레위 지파 제사장들이 집례하는 제사였습니다. 그런데 이것도 온전히 해결할 수가 없었습니다.

4) 그래서 언약의 보증인이 되신 예수 그리스도께서 오신 것입니다. 결국 율법으로도, 제사로도 할 수 없었던 하나님의 의가 예수 그리스도 안에서 실현되었고, 이를 보증하신 사건이 예수님의 십자가였습니다.

결국 하나님과의 관계가 회복되는 것은 예수 그리스도를 말미암지 않고는 전혀 다른 어떤 길이 없습니다. 이런 의미에서 예수님만이 그 해답입니다. 예수 그리스도가 그 길입니다. 예수 그리스도만

이 진리입니다. 예수 그리스도 외에는 그 무엇으로도 하나님의 의를 이룰 수 없습니다.

하나님의 의가 이루어지지 않으면, 세상의 어떤 것도 우리에게 참된 평강과 희락의 기쁨을 줄 수 없습니다. 외갓집이나 친정이나 처갓집이 다 똑같은 말인 것처럼, 세상의 그 어떤 것도 결국은 다 마찬가지입니다. 실제로 달라지는 것은 아무것도 없습니다. 오직 예수님만이 우리의 죄뿐만 아니라 인생을 살아가면서 당하는 모든 문제의 참된 길이요, 열쇠요, 그 해답입니다. 그분만이 우리를 자유케 할 수 있습니다. 그분만이 진정 우리에게 참된 기쁨을 주시고, 우리를 하나님 앞으로 인도해 갈 수 있습니다.

우리가 살기 힘들다, 힘들다 그러는데 경제적으로 어려워서 사는 것이 힘든 게 아닙니다. 그러면 경제적으로 어려움이 없는 사람은 평안하게, 행복하게 잘살고 있습니까? 우리 주변에 돈 문제로 걱정이 없는 사람도 가끔 있습니다. 그 사람에게 "당신은 돈이 많으니까 행복합니까?"라고 물어보세요. 돈이 궁극적인 문제가 아닙니다. 그것은 사실은 피상적인 문제입니다. 정말 문제는 하나님과의 관계가 깨어졌다는 것입니다. 그리스도 예수 안에서 하나님과의 관계, 즉 의가 회복된다면 주님이 주시는 평강과 희락의 기쁨을 맛보게 되고, 경제적인 문제로부터 서서히 자유롭게 됩니다.

저는 목회자로 살아오면서 한 번도 경제적으로 넉넉해 보지 못했습니다. 앞으로도 마찬가지일 것입니다. 정작 어려운 살림을 해야 할 제 아내가 늘 그런 문제 때문에 고생을 많이 했습니다. 어떤 때는 저를 붙잡고 걱정을 하기도 했습니다. 그때마다 저는 제 아내에게 "오빠가 살아 있는 동안은 돈 걱정은 하지 말라"고 했습니다. 그렇다고 해서 제가 어디 가서 돈을 따로 벌 수도 없는 사람이고, 누구에게 돈 좀 꿔달라고 빌릴 수도 없고, 그렇다고 재정부에 가서 가불 좀 해달라고 할 수도 없는 사람입니다. 저는 어차피 돈 문제는 제가 해결할 수 없었기 때문에, 할 수도 없는 것을 붙잡고 씨름하지 않고, 주님을 믿는 믿음 안에서 하나님과의 관계를 회복하는 일에 집중했습니다. 지금도 저는 가난한 사람이지만, 그래도 제가 돈 문제에 발목이 잡혀서 궁색하게 살고 있다고는 생각하지 않습니다. 사람들이 가난은 숨길 수 없다고 했는데, 저는 꼭 그렇지만도 않다고 생각합니다.

제가 호주에서 목회할 때 그 교회 어느 교인이 저에게 중국의 아주 큰 부잣집 아들처럼 생겼다고 했습니다. 칭찬인지 욕인지 모르겠지만, 저는 그 이후에 나는 중국의 부잣집 아들이 아니라 하나님을 아버지로 모신 하늘나라 부잣집 아들이라고 생각하고 살고 있습니다.

문제는 하나님과의 관계입니다. 하나님과 깨어진 관계는 멜기세덱의 반차를 좇는 영원하시고도 참되신 대제사장 예수 그리스도를 믿는 믿음밖에는 없습니다. 주님을 믿는 믿음 안에서 깨어진 하나님과의 관계를 회복하고, 주님이 주시는 의와 평강과 희락의 기쁨이 충만하시기를 바랍니다.

참 평안을 원하십니까?

지금 우리가 하는 말의 요점은 이러한 대제사장이 우리에게 있다는 것이라 그는 하늘에서 지극히 크신 이의 보좌 우편에 앉으셨으니 성소와 참 장막에서 섬기는 이시라 이 장막은 주께서 세우신 것이요 사람이 세운 것이 아니니라 대제사장마다 예물과 제사 드림을 위하여 세운 자니 그러므로 그도 무엇인가 드릴 것이 있어야 할지니라 예수께서 만일 땅에 계셨더라면 제사장이 되지 아니하셨을 것이니 이는 율법을 따라 예물을 드리는 제사장이 있음이라 그들이 섬기는 것은 하늘에 있는 것의 모형과 그림자라 모세가 장막을 지으려 할 때에 지시하심을 얻음과 같으니 이르시되 삼가 모든 것을 산에서 네게 보이던 본을 따라 지으라 하셨느니라 그러나 이제 그는 더 아름다운 직분을 얻으셨으니 그는 더 좋은 약속으로 세우신 더 좋은 언약의 중보자시라 저 첫 언약이 무흠하였더라면 둘째 것을 요구할 일이 없었으려니와 그들의 잘못을 지적하여 말씀하시되 주께서 이르시되 볼지어다 날이 이르리니 내가 이스라엘 집과 유다 집과 더불어 새 언약을 맺으리라 또 주께서 이르시기를 이 언약은 내가 그들의 열조의 손을 잡고 애굽 땅에서 인도하여 내던 날에 그들과 맺은 언약과 같지 아니하도다 그들은 내 언약 안에 머물러 있지 아니하므로 내가 그들을 돌보지 아니하였노라 또 주께서 이르시되 그날 후에 내가 이스라엘 집과 맺을 언약은 이것이니 내 법을 그들의 생각에 두고 그들의 마음에 이것을 기록하리라 나는 그들에게 하나님이 되고 그들은 내게 백성이 되

리라 또 각각 자기 나라 사람과 각각 자기 형제를 가르쳐 이르기를 주를 알라 하지 아니할 것은 그들이 작은 자로부터 큰 자까지 다 나를 앎이라 내가 그들의 불의를 긍휼히 여기고 그들의 죄를 다시 기억하지 아니하리라 하셨느니라 새 언약이라 말씀하셨으매 첫 것은 낡아지게 하신 것이니 낡아지고 쇠하는 것은 없어져 가는 것이니라 (히 8:1–13)

미국 남북전쟁 때, 링컨 대통령과 군 참모총장 사이에 의견 대립이 있었다고 합니다. 결국 링컨이 고집을 피워서 자신의 생각대로 일을 처리해 버렸고, 그러다가 끝내 일이 실패로 돌아가서 큰 손실을 입고 말았습니다. 링컨은 자기가 잘못했다는 것을 깨닫고 참모총장에게 자기 비서를 통해 미안하다는 사과문을 보냈습니다. 그런데 이 참모총장이 그 사과문을 읽어 보더니 "멍청한 자식!"이라고 소리를 치더랍니다.

비서가 돌아오자 대통령이 물었습니다.

"참모총장이 뭐라고 합디까?"

비서가 우물쭈물하니까 "괜찮으니까 말해 보세요"라고 했습니다.

비서가 할 수 없이 "'멍청한 자식!'이라고 했습니다"라고 답했습니다.

그 말을 듣고 링컨이 뭐라고 했을 것 같습니까?

"참모총장이 사람 하나는 제대로 보네"라고 하며 크게 웃었다고 합니다.

사람이 이 정도 배포는 있어야 큰 인물이 될 수 있습니다. 링컨은 자신의 실수를 인정했기 때문에 어떤 비난을 들어도 그 말에 상처를 받거나 마음이 흔들리지 않았습니다. 여기 링컨처럼, 어떤 말을 들어도 마음이 요동하지 않고 내적 평강을 유지할 수 있는 사람, 그 사람은 분명히 성숙한 사람이요, 가장 복된 사람입니다. 그래서 오늘은 본문 말씀을 중심으로 그리스도 예수 안에 있는 참된 평안을 누릴 수 있는 구체적인 방법을 말씀드리겠습니다.

1. 이해하는 것보다 더 귀한 것은 인정하는 것입니다

폴 투르니에(Paul Tournie)라는 유명한 심리학자가 있습니다. 이 폴 투르니에가 임종을 앞에 둔 자기 친구를 찾아갔습니다.

"폴! 나는 아직 이해가 안 가는 게 있어!" 그러면서 무슨 이야기를 더 하려고 하는데, 그 친구가 너무 기운이 없어서 한참 동안 말을 잇지 못했습니다. 친구가 매우 힘들어하는 모습을 보고 폴 투르니에가 조용히 말했습니다.

"여보게, 세상에서 가장 중요한 것은 이해하는 것이 아니고 인정하는 것이네."

이 말을 듣고 친구가 행복한 미소를 띠면서 "맞아! 인정하는 것이지" 하고 고개를 끄덕이며, 주님의 부르심을 받았다고 합니다.

사람에게 '이해력'(理解力)보다 더 중요한 것은 '인정력'(認定力)입니다. 신앙생활도 그렇습니다. 우리가 하나님을 이해하는 것이 아닙니다. 그분을 인정하는 것입니다. 마찬가지로 다른 사람을 이해하는 것보다 더 중요한 것은 그를 있는 모습 그대로 인정하는 것입니다.

세상에는 이해하지 못할 일이 참 많습니다. 미국은 주마다 법이 조금씩 다른데, 알래스카(Alaska) 주에서는 곰을 총으로 쏠 수 있지만, 사진을 찍으려고 잠자는 곰을 깨우면 불법이랍니다. 클린턴이 주지사로 있었던 아칸소(Arkansas) 주에서는 남편이 아내를 때려도 괜찮은데, 한 달에 한 번 이상 때리면 불법입니다. 때리더라도 날짜를 잘 계산하면서 때려야 합니다. 별꼴이죠? 미시간(Michigan) 주에서는 아내가 남편의 허락 없이 머리를 자르면 불법입니다. 이제 남편 허락 받고 미장원에 가시기 바랍니다. 노스캐롤라이나(North Carolina) 주에서는 음정에 맞지 않게 노래하면 불법이고, 오하이오(Ohio) 주에서는 다섯 명 이상의 여자가 한 집에 살면 불법입니다. 옛날에 칠 공주씩 낳고 한 집에서 다 데리고 살던 사람은 오하이오 주에서는 불법입니다.

어쩌다 이런 법이 생기게 되었는지, 거기서 살아보지 않고 어떻게 알겠습니까? 그런데 내가 이해할 수 없다고 해서 그 법을 지키지 않아도 됩니까? 이해하는 것보다 더 중요한 것은 인정하고 따라야 합니다.

사람은 인정을 받을 때 행복을 느낍니다. 딸들이 “나는 커서 아빠 같은 사람과 결혼할래요!”라고 하면 아빠는 자녀들을 위해서 뼈가 부서져라 일해도 신이 납니다.

그런데 다른 사람을 인정하려면 마음이 크고 넓어야 합니다. 적어도 그 사람보다는 크고 넓어야 그를 받아들이고 인정할 수 있습니다.

"내가 이스라엘 집과 맺을 언약은 이것이니 내 법을 그들의 생각에 두고 그들의 마음에 이것을 기록하리라"(10절)고 했습니다. 하나님의 생각, 하나님의 마음을 품어야 다른 사람을 인정할 수 있습니다. 하늘보다 높고, 바다보다 넓은 하나님이 받아들이지 못할 사람이 어디 있습니까? 이런 의미에서 교회도 그렇고 교인도 그렇고 품지 못할 사람이 없어야 합니다.

교회도 분명히 조직이고, 공동체이기 때문에 멤버십(Membership)이 필요한데, 멤버십을 갖는 데 전혀 어떤 자격 조건을 요구하지 않는 것이 교회의 특징입니다.

강철호 목사님 이야기입니다. 탈북자 출신 1호 목사, 북한기독교총연합회 회장입니다. 탈북해서 중국 심양으로 숨어든 그는 교회에 가면 숨겨준다는 말을 듣고 서탑교회를 찾아갔답니다. 서탑교회는 조선족 교회로 아주 오래된 유명한 교회입니다. 이 교회는 당시 연세가 아주 많으신 오애은 목사님이 목회를 하셨습니다. 그가 서탑교회에 들어가자마자 중국 공안이 들이닥쳤습니다. 그리고 탈북자를 내놓으라고 하면서 목사님에게 협박을 했다고 합니다. 오애은 목사님은 자기를 당신 책상 밑에 숨기고, 그런 사람 없다면서 당신의 생명을 걸고 이 사람을 품어주셨습니다.

이날 오애은 목사의 사랑에 감동한 그는 책상 밑에서 하나님이 나를 살려주시면 나도 저분 같은 목사님이 되겠다고 결심했다고 했습니다. 교회는 이런 곳입니다. 현행범으로 쫓기는 사람도 품는 곳이 교회입니다. 하나님의 마음을 가지면 품지 못할 사람이 없습니다.

탕자의 이야기에서 사실 형은 자기가 피해 당사자도 아닌데 동생을 받아들일 수 없었습니다. 그러나 피해 당사자라고 할 수 있는 아버지는 오히려 그 아들을 가슴에 품었습니다. 이것이 아버지의 마음이고, 또 하나님의 마음입니다. 결국 내가 어떤 사람을 받아들이지 못하고, 그 사람 때문에 힘들어 하고 그것 때문에 마음에 기쁨과 평강이 사라지면, 사실은 그 사람이 문제가 아니라 하나님의 마음을 품지 못한 나에게 문제가 있다는 것을 기억해야 합니다.

환절기가 되면 감기에 많이 걸리는데, 감기에 걸리면 열이 나고 기침을 합니다. 감기 걸려 기침하는 사람에게 왜 당신은 시끄럽게 기침을 하느냐고 말할 수 있습니까? 감기가 좋아서 걸린 것도 아니고, 기침하고 싶어서 지금 그러고 있는 것도 아닙니다.

사람이 정신이 나가면 미친 짓을 합니다. 미친 사람에게 왜 미친 짓을 하느냐고 따지는 사람은 그 사람도 분명히 반쯤은 이상한 사람입니다. 오죽했으면 미쳤겠어요. 어쩌다가 그렇게까지 되었는지 다 이해할 수 없을지라도 있는 그대로를 인정해야 합니다. 그 사람을 있는 그대로 인정하면 우선 내 마음에 평안이 찾아오고, 내 마음에 임한 평안이 나와 그 사람을 회복하는 놀라운 능력이 됩니다.

2. 약자라고 무시하지 말고 언제나 약자 편에 서야 합니다

"그들이 작은 자로부터 큰 자까지 다 나를 앎이라"(11절하)고 했습니다. 이 말씀은 그리스도 안에서 작은 자와 큰 자의 구별이 없어졌다는 말씀입니다.

마음에 참된 평안을 누리려면 모든 사람들을 차별 없이 대해야 합니다. 사람은 쉽게 지위가 높은 사람, 돈이 있는 사람, 권력이 있는 사람은 높이고, 없는 사람, 비천한 사람은 무시하는 경향이 있습니다. 그러나 성숙한 사람이라면, 작은 자, 비천한 자, 연약한 자도 긍휼히 여길 수 있어야 합니다. 주님께서는 분명히 "작은 자들 중의 하나라도 실족하게 하지 말라!"고 했습니다(막 9:42).

졸부는 강자에는 약하고, 약자에게 강한 사람입니다. 진정한 대장부는 홍길동처럼 강자에게는 더욱 강하고, 약자에게는 더욱 약해질 수 있는 사람입니다.

70세 이상 되신 분들 시대에는 아내가 약자였고, 50대 미만인 세대에는 남편이 약자일 수 있습니다. 저희 어머니 시대에는 온갖 시집살이 다하고, 남편에게 찍소리 못하고, 모든 가사 노동뿐만 아니라 자식 뒷바라지하는 모든 일을 어머니가 다 감당했습니다. 한 많은 시대에 한을 품고 살 수밖에 없었습니다. 분명히 그 시대에 어머니는 약자였습니다.

그러나 요즘은 젊은 남편들이 가정에서 약자일 수 있습니다. 경제권은 온라인 입금시대 이후 완전히 넘어갔고, 자녀 양육권, 심지어는 TV 채널권까지 아내에게 빼앗겼습니다. 어느 교회에서는 목사님이 주일날 광고하시면서 다음 주에는 바자회를 위한 물건을 수집하려고 하는데 집에서 못쓰게 된 것 있으면 가져오시라고 했답니다. 그랬더니 어느 여자 집사가 손을 번쩍 들면서 말했습니다.

"목사님, 남편 가져와도 되나요?"

옛날에는 어머니날만 있었습니다. 그만큼 우리 어머니들이 그 시대에 약자였습니다. 그런데 요즘은 어머니날이 슬그머니 어버이날로 바뀌었습니다. 그만큼 아버지들이 우리 시대에 약자가 되었다는 말입니다. 앞으로 얼마 지나면 어버이날이 아버지날로 바뀌게 될 것입니다. 제가 살았던 호주에는 Father's Day가 따로 있습니다. 9월 첫째 주일이 Father's Day인데, 이날은 아빠들이 침대에서 가족들이 차려다 주는 블렉퍼스트를 받아먹을 수 있는 날입니다. 나머지 364일은 당연히 자기가 차려다 바쳐야 하고요. 웬만하면 남자 분들은 호주에 가서 살 생각을 하지 마시기 바랍니다. 그 사회는 서열이 아주 분명한데, 언제나 아이들이 제일 먼저이고 그 다음은 여자, 그 다음은 개, 그리고 마지막이 남자입니다. 그런데 이 서열을 개들이 알고 있기 때문에 이 순서를 지키지 않으면 개들이 남자를 얼마나 무시하는지 모릅니다.

교회에서 약자는 누구입니까? 새가족이 약자일 수 있습니다. 혹시 오래되었다고 해서 텃세 부리는 것은 정말 잘못된 일입니다. 우리가 한 생명을 얼마나 사랑하고 애써 전도해서 모시고 왔습니까? 그런데 텃세 부리는 한 마디, 행동 하나에 실족하여 교회를 떠난 사람이 상당히 많습니다.

오래된 교회일수록 이런 일은 더욱 심합니다. 전에 사역하던 교회는 당시에 60년이 넘었던 오래된 교회였습니다. 지금은 70년도 넘은 교회인데, 제가 부임하면서 새가족이 좀 들어오고 청년들도 부흥이 되려고 하니까 교회 안에 이런 말이 돌더라고요. "굴러온 돌이 박힌 돌을 밀어낸다"고….

이런 마인드를 가지고 있다면 교회는 절대로 부흥할 수 없습니다. 이런 생각을 조금이라도 가지고 있다면 내가 교회 성장에 가장 큰 장애물이라고 스스로 생각하시기 바랍니다.

약자를 지극한 정성으로 사랑하고 섬길 때 그 현장에서 참된 마음의 평안과 기쁨을 맛볼 수 있습니다.

3. 지나친 죄책감에 빠지지 말아야 합니다

"내가 그들의 불의를 긍휼히 여기고 그들의 죄를 다시 기억하지 아니하리라 하셨느니라"(12절).

하나님은 예수 그리스도 안에서 우리의 죄를 사하시고 다시는 그 죄를 기억하지 않으십니다. 과거 내가 저지른 어떤 큰 죄보다도 하나님의 은혜는 큽니다. 우리가 진심으로 회개하면 하나님은 우리의 모든 죄와 허물을 완전히 다 용서하십니다. 그리고 영원히 기억하지 않습니다.

성 프랜시스는 하나님을 묘사할 때 지우개를 들고 계시는 분으로 묘사했습니다. 하나님께서 우리의 죄를 지우셨다는 뜻입니다. 그런데 정작 우리 자신은 자기의 죄와 허물을 지우는 일에 참 인색합니다. 가끔 죄책감을 가지는 것을 좋은 신앙으로 착각하는 경우가 있습니다. 그러나 죄책감은 영혼의 암과 같습니다. 나중에 그것이 마음과 육체와 영을 병들게 합니다.

여러분, 기억하세요. 아무리 큰 죄라 할지라도 그것이 하나님의 은혜보다 크지는 못합니다. 우리가 진심으로 회개했다면 더 이상 죄 문제로 신음하지 말아야 합니다. 우리는 하나님의 자녀이지만 죄가 없는 완벽한 사람이 아닙니다. 하나님은 우리에게 완벽한 것을 요구하신 적도 없고, 그렇게 살 수 없다는 것도 잘 아십니다. 하나님이 우리에게 진정 원하시는 것은 상한 심령입니다. 상한 마음 그대로 가지고 주님께 나아가면 주께서 보혈로 씻어 주시고 회복해 주십니다. 이런 의미에서 과거에 너무 매이지 말아야 합니다.

본문 13절 말씀을 보십시오.

> "새 언약이라 말씀하셨으매 첫 것은 낡아지게 하신 것이니 낡아지고 쇠하는 것은 없어져 가는 것이니라."

이 말씀은 옛 언약인 율법과 새 언약인 복음에 관한 말씀입니다.

율법은 결국 우리에게 죄책감을 심어줍니다. 율법의 결론은 무엇입니까?

"의인은 없나니 하나도 없다."

그러나 우리에게는 새 언약이 주어졌습니다. 그것은 모든 죄인을 용서하기 위해서 십자가에 달리신 예수님의 복음입니다. 우리는 이 은혜의 복음 안에서 해방된 자유인입니다. 우리는 더 이상 죄인이 아니라 해방된 자유인이 되었습니다.

한때 유행했던 "세상에서 방황할 때~"라는 복음성가가 있습니다. 이 찬송을 부르면 바로 연상이 되는, 전에 섬기던 교회의 어떤 성도가 있습니다. 이분이 교회에 등록하셔서 얼마 있다가 이 찬송을 부르신 후에 저에게 하시는 말씀이, "술 마시지 않고 제정신으로 노래 부르기는 생전 처음입니다"라고 했습니다.

그런데 이분이 얼마 있다가 그 교회에서 전도를 제일 많이 하는 사람 중의 하나가 되었습니다. 그의 달라진 모습을 보고 옛날 골초회(?) 멤버들이 교회에 나오기 시작했습니다. 얼마 있다가는 이분이 자진해서 교회 입구에서 교인들에게 사탕을 나누어주면서 주차 관리를 했고, 제자 훈련도 받고 지금은 선교하는 일에 아주 귀하게 쓰임을 받고 있습니다.

과거의 죄책감이 여러분의 발목을 붙잡지 못하도록 주님의 이름으로 떨쳐버리십시오. 그리고 "네 자리를 들고 걸어가라" 하셨던 주님의 말씀을 기억하고, 그 낡은 자리를 던져 버리고 새롭게 출발하시기 바랍니다.

오늘은 어제와는 전혀 다른 날입니다. 주님은 오늘 우리를 새롭게 만나주시고, 새 생활을 할 수 있도록 우리를 인도하고 계십니다. 이제 여러분의 앞길에는 주님의 축복이 기다리고 있습니다. 주님이 부어주시는 감당할 수 없는 은혜가 임할 것입니다. 그것은 우리가 깨끗해서도 아닙니다. 주님께 무엇을 많이 하고 무엇을 많이 드려서도 아닙니다. 그것이 죄인일 수밖에 없는 우리를 향하신 하나님의 은혜입니다. 영생의 기쁨이 충만하시기를 바랍니다.

주님이 주시는 참된 평안과 기쁨을 원하십니까?

첫째, 다른 사람을 이해하려고 하지 말고, 있는 그대로 인정하시기 바랍니다.

둘째, 자기도 모르게 약자라고 무시하지 말고, 언제나 약자의 편에 서십시오.

셋째, 지나친 죄책감에 빠져 있지 말고, 그리스도 예수 안에서 해방된 자유인으로 사십시오. 그러면 주님이 주시는 그 풍성한 은혜와 신령한 기쁨이 여러분 심령에 충만하게 될 것입니다.

보혈의 능력

첫 언약에도 섬기는 예법과 세상에 속한 성소가 있더라 예비한 첫 장막이 있고 그 안에 등잔대와 상과 진설병이 있으니 이는 성소라 일컫고 또 둘째 휘장 뒤에 있는 장막을 지성소라 일컫나니 금 향로와 사면을 금으로 싼 언약궤가 있고 그 안에 만나를 담은 금 항아리와 아론의 싹난 지팡이와 언약의 돌판들이 있고 그 위에 속죄소를 덮는 영광의 그룹들이 있으니 이것들에 관하여는 이제 낱낱이 말할 수 없노라 이 모든 것을 이같이 예비하였으니 제사장들이 항상 첫 장막에 들어가 섬기는 예식을 행하고 오직 둘째 장막은 대제사장이 홀로 일 년에 한 번 들어가되 자기와 백성의 허물을 위하여 드리는 피 없이는 아니하나니 성령이 이로써 보이신 것은 첫 장막이 서 있을 동안에는 성소에 들어가는 길이 아직 나타나지 아니한 것이라 이 장막은 현재까지의 비유니 이에 따라 드리는 예물과 제사는 섬기는 자를 그 양심상 온전하게 할 수 없나니 이런 것은 먹고 마시는 것과 여러 가지 씻는 것과 함께 육체의 예법일 뿐이며 개혁할 때까지 맡겨 둔 것이니라 그리스도께서는 장래 좋은 일의 대제사장으로 오사 손으로 짓지 아니한 것 곧 이 창조에 속하지 아니한 더 크고 온전한 장막으로 말미암아 염소와 송아지의 피로 하지 아니하고 오직 자기의 피로 영원한 속죄를 이루사 단번에 성소에 들어가셨느니라 염소와 황소의 피와 및 암송아지의 재를 부정한 자에게 뿌려 그 육체를 정결하게 하여 거룩하게 하거든 하물며 영원하신 성령으로 말미암아 흠 없는 자

기를 하나님께 드린 그리스도의 피가 어찌 너희 양심을 죽은 행실에서 깨끗하게 하고 살아 계신 하나님을 섬기게 하지 못하겠느냐 이로 말미암아 그는 새 언약의 중보자시니 이는 첫 언약 때에 범한 죄에서 속량하려고 죽으사 부르심을 입은 자로 하여금 영원한 기업의 약속을 얻게 하려 하심이라 유언은 유언한 자가 죽어야 되나니 유언은 그 사람이 죽은 후에야 유효한즉 유언한 자가 살아 있는 동안에는 효력이 없느니라 이러므로 첫 언약도 피 없이 세운 것이 아니니 모세가 율법대로 모든 계명을 온 백성에게 말한 후에 송아지와 염소의 피 및 물과 붉은 양털과 우슬초를 취하여 그 두루마리와 온 백성에게 뿌리며 이르되 이는 하나님이 너희에게 명하신 언약의 피라 하고 또한 이와 같이 피를 장막과 섬기는 일에 쓰는 모든 그릇에 뿌렸느니라 율법을 따라 거의 모든 물건이 피로써 정결하게 되나니 피흘림이 없은즉 사함이 없느니라 (히 9:1-22)

출애굽기는 출애굽 여정에 관한 내용보다 오히려 성막에 관한 규정과 건축 설계도, 성물들에 관하여 아주 자세하게 기술하고 있습니다. 출애굽기 25~31장 그리고 출애굽기 35~40장 모두 총 13장이나 되는 많은 지면을 할애해서 성막에 대하여 상세하게 기록한 이유가 무엇이겠습니까? 광야생활을 하던 이스라엘 백성들에게 가장 중요한 것이 성막이었기 때문입니다.

성막에 대한 호칭들도 상당히 많습니다. 하나님을 만나는 곳이라고 해서 '회막', 몽골 사람들의 게르처럼 뜯었다 조립했다 할 수 있는 임시 거처이니까 '장막', 율법과 계명을 가지고 하나님이 다스리는 곳이라 해서 '증거막', 법궤가 있는 곳이기에 '법막', 거룩하게 구별된 처소라는 의미로서 '성막'이라고 했습니다. 성막은 언제나 이스라엘 민족의 중심에 자리를 잡고 있었습니다(민 2:17).

그런데 본문 9절을 보면 "이 장막은 현재까지의 비유니…"라고 했습니다. 비유라는 말은 구약시대에 그렇게 중요하게 다루었던 성막이 실체가 아니었다는 말입니다. 그리고 거기서 드리는 예물과 제사가 섬기는 자를 온전하게 하는 것도 아니라고 했습니다(9절하). 10절에 "먹고 마시는 것과 여러 가지 씻는 것과…"는 성막에서 드렸던 제사 행위들을 말하고, "육체의 예법일 뿐이며 개혁할 때까지 맡겨 둔 것이니라", 즉 온전한 것이 드러나기 전까지만 상징적인 의미를 지녔을 뿐이라는 뜻입니다.

그러면 성막에서 드렸던 제사가 비유였다면 그 원형은 무엇이겠습니까? "그리스도께서는 장래 좋은 일의 대제사장으로 오사 손으로 짓지 아니한 것 곧 이 창조에 속하지 아니한 더 크고 온전한 장막으로 말미암아 염소와 송아지의 피로 하지 아니하고 오직 자기의 피로 영원한 속죄를 이루사 단번에 성소에 들어가셨느니라"(11-12절)고 했습니다.

이해를 돕기 위해서 한 구절씩 풀어 설명을 드리면, "손으로 짓지 아니했다"는 말은 손으로 지은 성막이나 성전이 아니라는 말이고, "더 크고 온전한 장막"은 십자가의 제물이 되신 예수님의 몸을 의미합니다. "염소와 송아지의 피로 아니하고"는 양을 잡아 드리는 속죄 제사가 아니라는 뜻이고, "자기 피로 영원한 속죄를 이루사"는 십자가의 보혈을 의미합니다. "단번에"라는 말은 구약의 제사는 해마다 계속 반복되어야 했지만 예수님의 십자가는 단번에 모든 죄를 사하고 다시 반복할 필요가 없는 완전한 제사였음을 말합니다. "성소에 들어가셨느니라", 이 말은 하나님과의 화해가 이루어졌다는 뜻입니다. 그러면서 결론적으로 13-14절에, "구약시대에 염소와 황소의 피를 가지고 제사를 드려도 그 피가 죄를 대속한다고 했는데, 하물며 모든 제사의 본체이신 그리스도의 피가 어찌 우리의 모든 더럽고 추한 죄를 사하지 못하겠느냐"라고 했습니다.

예수님이 십자가에서 돌아가실 때 성소의 휘장이 찢어졌습니다. 지금은 찢어진 휘장 시대입니다. 휘장이 찢어졌다는 것은 그리스도께서 죽으심으로 이제 성막도 성전도 필요없고, 더 이상 반복하여 드리는 피의 제사도 필요없게 되었다는 말입니다. 또 예수님의 몸이 찢어짐으로 하나님께 나아가는 길이 활짝 열렸다는 말입니다. 그래서 "오직 자기의 피로 영원한 속죄를 이루사 단번에 성소에 들어가셨느니라"(12절하)고 했습니다.

민수기 28장에 이스라엘 백성들이 성전에서 드려야 할 제사들에 대한 자세한 규례가 나옵니다.

① 상번제: 아침과 저녁으로 365일 단 하루도 예외없이 반드시 하루에 무조건 두 번 드리는 제사입니다.

② 안식일 제사: 매 칠일 안식일마다 드리는 제사이고, 물론 이날도 상번제는 예외 없이 드려야 했습니다.

③ 월삭 제사: 매달 첫째 날 드리는 제사입니다. 수송아지 둘, 숫양 하나, 숫양 일곱 마리로 번제를 드려야 했습니다.

④ 유월절 제사: 1월 15일부터 21일까지 7일 동안 매일 월삭제사와 똑같이 수송아지 둘, 숫양 하나, 숫양 일곱 마리로 번제를 드려야 했습니다.

⑤ 오순절 제사: 수송아지 둘, 숫양 하나, 일 년 되고 흠 없는 숫양 일곱 마리로 번제를 드렸습니다.

⑥ 나팔절 제사 : 7월 1일이 이스라엘의 민간력으로 정월 초하루입니다. 나팔을 불면서 새해가 시작된다고 하여 나팔절이라고 불렀습니다. 이날은 신년제라고 해서 7월 1일 나팔절에 드리는 제사가 총 네 가지였습니다.

⑦ 대속죄일 제사 : 7월 10일 대속죄일에 수송아지 하나, 숫양 하나, 일 년 된 숫양 일곱 마리를 번제로, 숫염소 하나를 속죄제로 드렸습니다.

⑧ 장막절 제사 : 7월 15일부터 21일까지 한 주간 동안 제사를 드려야 하는데, 첫째 날에는 수송아지 열세 마리, 숫양 두 마리, 일 년 된 숫양 열네 마리를 다 흠없는 것으로 드렸습니다. 둘째 날에는 수송아지 열두 마리, 나머지는 다 똑같고 수송아지만 한 마리씩 줄었습니다. 셋째 날에는 수송아지 열한 마리, 일곱째 날에는 수송아지 일곱 마리, 나머지는 똑같이 숫양 두 마리, 일 년 된 숫양 열네 마리를 잡아 드렸습니다. 이렇게 끝나는 것이 아니라, 제8일 그러니까 7월 22일 또 장막절과 똑같이 드려야 했습니다.

1년 동안 제물이 되어 죽어 간 짐승의 수를 계산해 보았는데 수송아지 113마리, 숫양 37마리, 1년 된 숫양 1,093마리, 숫염소 30마리

총 1,273마리입니다. 계산한다고 했지만 하도 많아서 정확한지는 모르겠습니다. 이렇게 무수한 짐승을 잡아 희생제사를 드리던 것이 솔로몬 성전이 훼파되면서 실제로 없어졌고, 포로지에서 드렸던 회당에서는 이런 제사를 드린 흔적을 찾아볼 수 없습니다. 그리고 예수님이 십자가에 달리심으로 더 이상 양과 소를 잡아 드리는 희생제사를 반복하여 드릴 필요가 없게 되었습니다.

개혁할 때까지 맡겨 두셨다던 성막의 제사는 예수님의 십자가 사건으로 그 원형이 드러나 완성되었고, 오늘 우리가 드리는 이 예배는 그 보배로운 피로 속죄함을 입을 성도들이 구속의 감격을 가지고 거룩하신 하나님을 찬양하며, 베풀어 주신 하나님의 은혜를 찬양하는 잔치입니다.

예배는 구약의 제사가 아닙니다. 이런 의미에서 교회는 성전이 아닙니다. 여기 이 강대상도 지성소가 아닙니다. 예수님이 십자가에 달려 희생제물이 되심으로, 성막이나 피의 제사가 완전히 사라졌고, 하나님께 나아가는 길이 활짝 열렸습니다.

찢어진 휘장시대에 아직도 제사를 드리시렵니까? 아무리 드리고 싶어도 드릴 성전도, 제단도, 성막도, 성소도 없습니다. 그 대신 우리는 구속의 감격을 가지고 주님이 주시는 놀라운 기쁨을 누리며 하나님을 예배할 수 있는 길이 활짝 열렸습니다. 이런 의미에서 예수님이 행하신 첫 번째 이적인 가나의 혼인잔치에서 물로 포도주를 만든 사건이 주는 신학적 의미가 분명히 있습니다.

예수님은 우리에게 참된 자유와 신령한 기쁨을 주시는 분입니다.

예수님은 이것도 못 먹고 저것도 하면 안 되는 그런 고집스런 분이 아니라 우리를 자유케 하시는 분입니다. 그의 택한 백성들이 잔칫집 같은 교회에 모여서 서로 사랑하고 기뻐하며 즐거워할 때 이 잔치의 호스트이신 예수님이 가장 기뻐하십니다.

구약성경의 중심은 분명히 제사였고, 모든 제사의 핵심은 피입니다. 신약성경의 중심은 예수님의 십자가입니다. 이런 의미에서 마틴 루터가 "성경을 짜보면 피가 흐른다!"라고 했습니다. 성경의 핵심은 예수님의 보혈입니다. 그래서 옛날에는 성경책이 붉은색으로 칠해져 있었습니다. 피를 상징했습니다. 그런데 언제부턴가 붉은색이 사라지고, 황금가루가 칠해져서 나오고 있습니다. 피에 젖은 십자가가 서서히 사라지면서 황금 십자가로 바뀌고 있는 것 같습니다. 그래서 그런지 현대교회는 피 묻은 예수 그리스도의 복음을 외면하고 있습니다. 천국이니 지옥이니 그렇게 원색적인 이야기는 하지 말고, 성경에 나오는 좋은 교훈을 배우고 따르라고 합니다. 현대교회 강단에서 피 묻은 예수 그리스도의 복음을 전하지 않기 때문에 현대교회는 생명을 잃어버리게 된 것 같습니다. 성도들의 진정한 능력은 주님의 보혈에서 나온다는 사실을 잊지 마시기 바랍니다.

서론이 길어졌는데, 오늘 본문은 이 보혈의 능력에 대하여 세 가지로 말하고 있습니다.

1. 속죄(贖罪)의 능력

"염소와 황소의 피와 및 암송아지의 재를 부정한 자에게 뿌려 그 육체를 정결하게 하여 거룩하게 하거든 하물며 영원하신 성령으로 말미암아 흠 없는 자기를 하나님께 드린 그리스도의 피가 어찌 너희 양심을 죽은 행실에서 깨끗하게 하고 살아 계신 하나님을 섬기게 하지 못하겠느냐"(13-14절상).

예수님께서 갈릴리 바닷가에서 복음을 전하시다가 베드로를 만나셨습니다. 고기잡이의 베테랑이었던 베드로는 그날따라 고기를 한 마리도 잡지 못했습니다. 예수님께서 이 베드로에게 어떻게 전도하셨습니까?

"깊은 데 가서 그물을 내려 고기를 잡아라."

베드로가 어부였기 때문에 고기 잡는 것을 접촉점으로 삼아서 그에게 전도하셨습니다. 베드로는 이날 말씀에 순종하여 많은 고기를 잡았습니다. 그런데 베드로의 반응이 대단히 이상합니다. 고기를 많이 잡았으니 얼마나 좋았겠어요. 잡은 고기를 손에 들고 춤을 춰야 할 판인데, 베드로는 예수의 무릎 아래 엎드려 말하기를 "주여, 나를 떠나소서. 나는 죄인이로소이다"라고 고백했습니다.

예수님을 만나고 보니까 자기 자신이 죄인이라는 사실을 깨닫게 되었습니다. 그렇다고 베드로가 남다른 큰 죄를 누구보다 더 많이 지었던 사람이라는 말이 아닙니다. 여전히 그는 세상에서는 선량하고 성실한 사람이었습니다. 그러나 주님 앞에 서니까 자신이 죄인이라는 것을 깨닫게 되었습니다.

그렇습니다. 사람들 앞에서는 여전히 나는 선량한 사람일 수 있습니다. 아니 세상에서는 법 없이 살 사람일 수도 있습니다. 그러나 하나님의 빛 앞에 서면 상황은 달라집니다. 내가 얼마나 큰 죄인인지를 고백할 수밖에 없습니다.

예수님께서 코믹한 비유를 하셨는데, 사람을 더럽게 하는 것은 입으로 들어가는 것이 아니라고 했습니다. 입으로 들어가는 것은 배를 거쳐 뒤로 나가니까 전혀 문제가 되지 않습니다. 그런데 정작 문제가 되는 것은 사람의 마음속에서 나오는 것이라고 했습니다. 사람이 태어날 때부터 마음속에 가지고 있었던 것은 음란, 도둑질, 살인, 간음, 탐욕, 악독, 속임, 음탕, 흘기는 눈, 훼방, 교만 같은 것들입니다. 인정하고 싶지 않지만 우리의 마음속에 이런 것들이 가득 차 있어서 인격에서 악취가 나고 있습니다.

우리가 육신을 가지고 살면서 가장 극복하기 어려운 것이 있다면 바로 이 육체의 소욕이라는 죄악 덩어리입니다. 육체의 장막집이 무너지기 직전까지 우리는 바로 이 죄의 문제와 씨름하지 않을 수 없습니다. 자신의 내면에 존재하는 죄와의 끝없는 싸움입니다. 이것이 가장 치열한 영적 전쟁입니다. 인간이 가장 어찌할 수 없는 문제가 바로 이 죄의 문제입니다. 도저히 스스로 어떻게 해결할 수 없는 이 죄의 문제를 예수님이 해결하시기 위해서 십자가에 달리셨습니다.

"생명이 피에 있으므로 피가 죄를 속하느니라"(레 17:11)고 했습니다. 죄는 피로만 씻을 수 있습니다. 그래서 구약의 모든 제사에서 피를 제단에 뿌렸습니다. 그런데 구약시대 짐승의 피는 상징적인 의미 그 이상은 아니었습니다. 우리를 온전히 성결하게 씻을 수 없었습니다.

"그 아들 예수의 피가 우리를 모든 죄에서 깨끗하게 하실 것"(요일 1:7)이라고 말씀하셨습니다. 예수님의 피는 우리가 과거에 지은 모든 죄, 또 미래에 지을 수밖에 없는 죄에서 우리를 깨끗이 씻어 성결하게 하기에 충분한 능력이 있습니다.

어떠한 죄를 범했다 할지라도 예수님의 피 공로를 의지하면 다 용서받을 수 있습니다. 용서받지 못할 죄는 없습니다. 주께서 우리의 모든 죄를 다 용서하셨습니다. 이것이 속죄의 능력입니다.

2. 성결(聖潔)의 능력

"그리스도의 피가 어찌 너희 양심을 죽은 행실에서 깨끗하게 하고 살아 계신 하나님을 섬기게 하지 못하겠느냐"(14절하).

예수님의 보혈이 죽은 행실에서 우리를 깨끗하게 씻어 새사람이 되게 하신다는 말입니다. 보혈은 단순히 우리의 죄를 씻어내기만 하는 것이 아니라 우리를 성결한 그리스도인으로 만들어 갑니다.

한문으로 옳을 '의(義)' 자가 어떻게 되어 있습니까? '양(羊)' 밑에 '나 아(我)' 자입니다. 이 말을 기독교적으로 풀면, 양 밑에 내가 있어야 의로워진다는 뜻입니다. 이 세상 그 누구도 자기 스스로 의로워질 수 없습니다. 우리는 죄인으로 태어났기 때문에 절대로 스스로 의로워질 수 없습니다. 어린양이신 예수님의 공로를 의지해야 합니다. 어린양이신 예수님의 날개 아래 거하면 주께서 그 피로 우리의 죄를 다 씻어주시고, 거듭나게 하사 의로운 사람, 새사람이 되도록 우리를 이끄시고 인도하십니다. 이것이 성결의 능력입니다.

네덜란드의 코리 텐 붐 여사가 이런 비유를 들었습니다.

"하나님께서 우리들의 모든 죄를 가져다가 깊은 바다 가운데 던지시고 '낚시 금지'라고 하셨는데 여러분은 이미 던져진 죄를 낚시질하고 있지는 않습니까?"

이미 던져진 죄를 다시 건져내기 위해서 낚시질한다는 말은 무엇이겠습니까? 다시 죄악에 빠져 들어가는 것을 의미합니다. 개가 토한 것을 도로 먹는 것같이, 다시 죄악의 늪에 빠져 들어가는 것을 의미합니다. 우리가 죄 사함을 받고 거룩한 백성이 되었다면 이제 새로운 피조물입니다. "이전 것은 지나갔으니 보라 새것이 되었도다"라고 했습니다.

이제 구속함을 입은 감격을 가지고 성결의 영을 따라 살아야 합니다. 죄에 대하여는 죽은 자로, 의에 대하여만 산 자로 살아야 합니다. 우리의 몸을 의의 병기로 드려서 하나님의 거룩하심을 이루며 살아야 합니다. 예수님의 보혈로 덧입으시기 바랍니다. 예수님의 보혈은 놀라운 능력이 있기 때문에 얼마든지 이러한 삶의 변화가 일어날 수 있습니다. 이것이 성결(聖潔)의 능력입니다.

3. 헌신(獻身)의 능력

보배로운 피로 우리가 구속(救贖, Redemption)함을 받았다고 하는데, '구속하다'란 말은 '한 번 팔려간 것을 값을 지불하고 다시 사온다'는 뜻입니다. 전당포에 저당 잡힌 것을 값을 지불하고 다시 찾아오는 것을 뜻합니다.

인간은 죄 값으로 사탄의 종이 되었는데, 예수의 피로 속전(값)을 지불하고 우리를 다시 찾아오셨습니다. 이런 의미에서 이제 우리는 사탄과 죄에서 해방된 사람입니다. 죄의 종 노릇 하며 끌려 다닐 수밖에 없는 그런 존재가 아니라 이제 적극적으로 선을 행할 수 있는 해방된 자유인이 되었습니다.

"그리스도의 피가 어찌 너희 양심을 죽은 행실에서 깨끗하게 하고 살아 계신 하나님을 섬기게 하지 못하겠느냐"(14절하)라고 했습니다. 그리스도의 피로 깨끗하게 씻어졌을 뿐만 아니라 이제 살아 계신 하나님을 기쁨으로 섬길 수 있는 해방된 자유인이 되었습니다. 이것이 세 번째 보혈의 능력입니다.

고린도전서 6장 19-20절에도 "…너희는 너희 자신의 것이 아니라 값으로 산 것이 되었으니 그런즉 너희 몸으로 하나님께 영광을 돌리라"고 하였습니다. 이제 우리는 하나님께 영광을 돌리기 위해서 헌신해야 합니다.

초대교회가 그랬던 것처럼 우리 한국교회도 분명히 순교자들의 피 위에 세워진 교회입니다. 한국교회사에서 꼭 기억해야 할 분이 있다면, 바로 토머스(Robert Jermain Thomas) 목사입니다. 이분이 한국 개신교 최초의 순교자입니다. 토머스 목사는 1866년, 조선에 복음을 전하기 위해 제너럴 셔먼(General Sherman) 호를 타고 대동강변에 이르렀습니다. 당시는 대원군의 쇄국정책이 극에 달했고, 예수를 믿는다는 이유로 이미 8천 명에 달하는 가톨릭 신자들이 순교했던 병인박해(丙寅迫害)가 일어났기 때문에, 그런 상황에 선교하겠다고 선교사가 조선 땅에 발을 들여놓는 것은 순교를 작정하지 않고는 할 수 없는 일이었습니다.

그러나 토머스 목사는 복음을 향한 불타는 열정으로, 한글로 번역된 쪽복음서를 가지고 대동강변에 도착했습니다. 예상했던 대로 평양 감영 군사들이 벌떼처럼 달려들어 제너럴 셔먼 호를 공격하였고, 배에 불이 붙어 타오르기 시작했습니다. 이때 토머스 목사는 뱃전에 올라가 목이 터져라 "예수, 예수"를 외쳤고, 불길이 점점 온 배를 휘감고 타오르자, 한 권의 성경책을 가슴에 품고 물 속으로 뛰어들었다가 결국 포졸들에게 붙잡혀 대동강변에서 참수를 당했습니다.

참수를 당하는 순간에 토머스 목사는 자신의 품속에 있었던 성경책을 꺼내서 자신을 죽이려던 포졸에게 건네주었다고 합니다. 결국 토머스는 조선 땅을 제대로 밟아보지도 못하고 이렇게 죽어 갔지만,

하나님의 놀라운 역사는 바로 이때부터 시작되었습니다. 토머스 목사를 죽인 박춘권이라는 이 포졸이 수십 년 후에 부흥회에서 회개하고 예수를 믿고, 자기 집을 바쳐 안주교회를 세우게 됩니다.

최치량이라는 소년은 대동강변에 갔다가 토머스가 던진 성경을 발견하고는 이 성경을 자기 집으로 가져다가 당시는 종이가 귀한 시절이니까 자기 집에 도배지로 사용했습니다. 후에 이 집은 길손님을 위한 여관이 되었는데, 20년 후 마펫(Dr. Howard F. Moffett) 선교사가 평양에 전도하러 와서 이 집에 머물다가 한글 성경이 도배되어 있는 것을 발견하였습니다. 이 일로 인해 최치량은 한국교회 최초의 장로가 되었고, 이 집은 평양 시내 최초의 교회요, 후에 주기철 목사님이 목회했던 장대현교회의 기초가 됩니다. 순교자의 피를 머금은 대지 위에 세워진 교회가 한국교회입니다.

한국교회는 이런 믿음의 유산을 물려받은 교회입니다. 생명을 바쳐 세워진 교회가 우리 한국교회입니다. 이제 우리는 다시 초심으로 돌아가서 주님의 몸 된 교회를 위해서 헌신해야 합니다. 믿음의 선진들이 본을 보여준 대로 생명까지도 바쳐서 주님을 사랑하고, 몸 된 교회와 이 세상을 위해서 헌신(獻身)해야 합니다.

이제 구습을 좇던 옛 생활을 벗어버리고, 물질과 권력에 대한 더러운 욕심들을 스스로 다 내려놓고 성령님 안에서 새롭게 되어 주님의 집에서 귀하게 쓰임받는 주님의 참 제자가 되시기 바랍니다.

죽음 그리고 그 후에 있을 심판에 대하여

그러므로 하늘에 있는 것들의 모형은 이런 것들로써 정결하게 할 필요가 있었으나 하늘에 있는 그것들은 이런 것들보다 더 좋은 제물로 할지니라 그리스도께서는 참 것의 그림자인 손으로 만든 성소에 들어가지 아니하시고 바로 그 하늘에 들어가사 이제 우리를 위하여 하나님 앞에 나타나시고 대제사장이 해마다 다른 것의 피로써 성소에 들어가는 것같이 자주 자기를 드리려고 아니하실지니 그리하면 그가 세상을 창조한 때부터 자주 고난을 받았어야 할 것이로되 이제 자기를 단번에 제물로 드려 죄를 없이 하시려고 세상 끝에 나타나셨느니라 한번 죽는 것은 사람에게 정해진 것이요 그 후에는 심판이 있으리니 이와 같이 그리스도도 많은 사람의 죄를 담당하시려고 단번에 드리신 바 되셨고 구원에 이르게 하기 위하여 죄와 상관 없이 자기를 바라는 자들에게 두 번째 나타나시리라 (히 9:23-28)

먹고살기 힘들었던 시대에 우리나라 사람들은 서로 만나서 나누던 인사말이 아침에는 "조반 드셨습니까?"라고 했고, 낮에는 "점심(點心) 드셨습니까?"라고 인사를 했습니다. 그런데 왜 점심입니까? 먹을 것은 없으니까 마음에 점만 찍고 넘어간다고 해서 점심이라고 했다고 합니다. 요즘에는 이런 인사가 조금씩 사라지고 있는 것을 보니까, 어렵다 어렵다 해도 먹고 사는 것이 예전보다 좋아진 것은 사실입니다.

그런데 옛날 헬라에서 철학하는 사람들이 서로 만나 나누던 인사말이 무엇인지 아십니까? "죽음을 준비하셨습니까?"였다고 합니다. 이것이 아침 인사였습니다. 우리 같으면 누가 이렇게 인사하면, 먹고 살기도 힘들어 죽겠는데 아침부터 재수없게 죽는다는 말을 했다고 부정 탔다고 할 것입니다.

전도서 3장을 보면 "천하에 범사가 기한이 있고, 모든 목적이 이룰 때가 있나니, 날 때가 있고 죽을 때가 있다"라고 했습니다. 이것을 부정할 사람은 아무도 없습니다. 이것은 만고불변의 진리입니다. 그렇다면 헬라 철인들이 늘 말했던 것처럼 죽음을 늘 준비해야 합니다.

세상 사람들도 죽을 준비를 해야 한다는 소리는 합니다. 그들이 말하는 죽을 준비는 고작 자기가 묻힐 묘소를 준비하고, 수의를 준비하고, 재산을 자녀들에게 적당히 분배하고, 유언을 남기는 것이 죽음을 준비하는 것으로 알고 있습니다. 그러나 성도들이 죽음을 준비하는 것은 묘지나 입고 갈 수의를 준비하는 것이 아니라, 하나님의 나라에 가는 준비를 해야 합니다.

모세는 시편 90편 5절에서 죽음을 가리켜 "주께서 그들을 홍수처럼 쓸어가시나이다"라고 했습니다. 이것은 시적인 표현이 아니라 문자 그대로 정말 홍수처럼 수많은 사람이 오늘도 죽어 가고 있습니다.

2016년 8월말 기준으로 세계의 인구가 70억 6천만 명이라고 합니다. 그리고 세계 평균 기대수명은 71.4세입니다. 그렇다면 줄잡아 71억 명이 71년 만에 죽는다는 말인데, 그렇다면 매년 1억 명씩 죽고 있다는 말입니다. 이 말은 매일 하루에 약 27만 4천 명이 죽는다는 이야긴데 그야말로 홍수처럼 쓸려나가고 있습니다. 인정하고 싶지 않은 일이겠지만, 여기 있는 우리도 언젠가 그 27만 4천 명 중의 한 사람이 될 것입니다. 그래서 철학자 하이데거(Martin Heidegger)는 '인간은 죽음을 향한 존재'라고 하면서, 죽음에 대하여 모르는 것 세 가지와 아는 것 세 가지가 있다고 했습니다. 모르는 것 세 가지는 ① 언제 죽을지 ② 어디서 죽을지 ③ 어떻게 죽을지를 모른다는 것이며, 아는 것 세 가지는 ① 반드시 죽는다는 것 ② 죽을 때 아무도 같이 가지 못한다는 것 ③ 아무것도 가져가지 못한다는 것이라고 했습니다.

한 노인이 갑자기 죽어 염라대왕에게 불려갔다고 합니다. 노인은 당황하면서 염라대왕에게 항의를 했답니다.

"아니, 이렇게 갑자기 불러오면 나는 어떻게 하라는 말이오? 내가 정리할 것도 있고 죽음에 대하여 준비했다가 와야 하는 거 아니오? 예고라도 해 주었어야 하는 거 아니란 말이오?"

그랬더니 염라대왕이 이렇게 말했답니다.

"이 사람 기가 막힌 사람이군. 내가 다섯 번이나 예고해 주었지 않았소?"

다섯 번이나 예고를 해주었다는 말에 이 노인이 깜짝 놀랐답니다. 먼저 눈 밑에 잔주름이 있게 한 것이 1차 예고였고, 귀 밑의 머리 색깔이 희어지게 된 것이 2차 예고였고, 입가의 8자주름이 3차 예고였고, 4차 예고는 목주름이 생기게 한 것이고, 마지막 다섯 번째 예고는 뱃가죽을 당기면 죽 10cm 이상 늘어나는 것이라고 했답니다. 지어낸 이야기지만 일리가 있습니다.

제가 군 생활을 대구에서 했는데, 대구가 우리나라에서 제일 더운 곳이죠? 그 더운 곳에서 여름에도 두꺼운 군용양말에 군화를 신고 다니다 보니까 그때 발에 무좀이 생겼습니다. 제대를 하고 동네에 있는 피부과 병원 이름이 하필이면 '오진 피부과'여서 이 병원에 다니면서 약을 먹고 약을 바르면 없어지는 것 같더니 얼마 지나면 다시 재발하고, 제대한 지 20년이 지나도록 완전히 고쳐지지 않았습니다. 평생 이렇게 살아야 하는가 보다고 거의 포기하다시피 했는데, 40대 후반쯤 되었을 때 별로 치료도 받지 않았는데 깨끗이 나았습니다. 그래서 좋아서 누구에게 무좀이 저절로 다 나았다고 말했더니, 무좀균도 젊고 싱싱한 사람을 좋아해서 나이 들면 냄새나고 먹을 것 없다고 알아서 스스로 떠난답니다. 평생 같이 살 줄 알았던 무좀균이 작별인사를 하고 떠나 버리니까 왠지 서글픈 생각이 갑자기 들었습니다.

휴대폰을 보면 배터리 충전 상태를 표시하는 그림이 나옵니다. 칸이 꽉 차 있으면 당당하고 아무 걱정이 없는데, 시간이 흐를수록 한 칸씩 줄어듭니다. 배터리가 점점 떨어져 가면 얼마나 마음이 불안합니까? 그러다가 어느 순간에 갑자기 꺼져버립니다. 아무리 좋은 성능을 가진 휴대폰이라고 해도 배터리가 방전되면 아무 소용이 없습니다.

27절에 "한 번 죽는 것은 사람에게 정하신 것이요, 그 후에는 심판이 있다"라고 했습니다. 여기서 말하는 심판의 어원적인 의미는 '갈라놓는다'는 뜻입니다. 창조의 원리가 낮과 밤, 어둠과 빛, 바다와 육지 등으로 갈라놓는 것처럼, 성경에는 알곡과 쭉정이, 양과 염소, 오른편에 있는 사람과 왼편에 있는 사람을 갈라 세우고 있습니다.

마지막 심판대에 섰을 때 여러분은 어느 편에 설 것 같습니까? 양의 반열입니까? 염소의 반열입니까? 알곡입니까? 아니면 쭉정입니까?

제가 어렸을 때 아버지를 따라 병아리를 사기 위해서 성남에 있는 부화장에 갔었습니다. 거기 갔다가 저는 정말 충격적인 일을 보았습니다. 가서 보니까 마당에 버려진 병아리들이 엄청나게 많았습니다. 왜 이렇게 예쁜 병아리들을 다 버렸느냐고 물었습니다.

여러분들도 궁금하시죠? 닭도 품종이 아주 많습니다. 당시 우리는 레그혼이라는 닭을 많이 키웠는데, 흰색이고 몸집은 작아 사료는 많이 먹지 않지만 산란율은 높기 때문에 양계장을 하는 사람들은 레그혼을 많이 키웠습니다. 그런데 문제는 부화되어 나온 병아리 중에 반은 암컷이고 반은 수컷입니다. 레그혼은 산란용이기 때문에 수컷은 전혀 쓸데가 없습니다. 덩치도 작고 잘 자라지도 않고 고기도 질기고 맛도 없으니까 키워서 잡아먹기에는 적합하지 않습니다. 육계는 다른 품종이 또 있습니다. 그러니까 부화되어 나온 병아리들을 감별사들이 앉아서 암컷인지 수컷인지 일일이 다 확인을 합니다. 암컷이면 박스에 담아서 양계장에 팔고, 수컷은 그 자리에서 땅

바닥에 버려 삐약삐약거리다가 4~5일 후에 죽으면 빗자루로 쓸어다가 땅에 묻어버린다고 했습니다. 이렇게 버려진 병아리들을 주워다가 학교 앞에서 100원씩 받고 팔기도 했습니다.

역사의 마지막 날에 양과 염소를 가르실 때 만일 염소의 반열에 서게 된다면, 그 자리에서 버려져서 지옥에 던져지게 됩니다.

지옥은 어떤 곳입니까? 지옥은 하나님과 영원히 분리된 곳입니다. 다시는 영원히 하나님을 만날 수 없습니다. 그렇기 때문에 하나님의 긍휼을 더 이상 기대할 수 없는 곳입니다. 마귀와 귀신들과 각종 악한 무리들이 있는 곳입니다. 가장 악하고, 추하고, 더럽고, 가장 잔인한 흉악범들과 함께 지내는 곳입니다. 지옥은 소망이 전혀 없는 곳입니다. 《천로역정》을 보면 지옥문 앞에 써 있는 말은 "모든 소망을 포기하라"입니다.

전도도 이제 조금 고차원적으로 할 필요가 있는 것 같습니다. 어떤 전도지를 봤는데, 참 많이 생각하게 하는 전도지였습니다.

> 지옥에 가기 위해서 내가 무엇을 해야 하는가?
> 정답은 뒷면을 참고하세요.

돌려보니까 아무 글도 없습니다.

무슨 뜻입니까? 지옥 가기 위해서 해야 할 일은 아무것도 없습니다. 가만히 있으면 저절로 간다는 뜻입니다.

한 번 죽는 것은 사람에게 정해진 것이요, 그 후에는 심판이 있다고 했는데, 죽으면 그것으로 그냥 끝나는 것이 아니기 때문에 죽음 그리고 그 후에 있을 심판에 대하여 철저하게 준비해야 합니다.

1. 사람들이 그렇게 피하려고 하는 죽음이 이 세상에 존재하는 이유가 무엇입니까?

"죄의 삯은 사망이요 하나님의 은사는 그리스도 예수 우리 주 안에 있는 영생이니라"(롬 6:23)고 했습니다. 죄로 말미암아 죽음이 왔다고 했습니다. 로마서 5장 17-19절에서는 처음의 사람, 아담의 죄로 말미암아 죄의 값(삯)인 죽음이 온 인류에게 들어왔습니다. 아담의 후손인 모든 사람은 이 길을 절대로 피할 수 없습니다. 다윗도 임종을 앞에 두고, 내가 이제 모든 사람이 가는 길로 가게 되었다고 했습니다. 그것이 원죄든지, 모르고 지은 죄든지, 알고 지은 고범죄든지 상관없이 죄에 빠진 모든 사람은 이 죽음을 피해 갈 수 없습니다. 죄의 삯은 사망입니다.

2. 죽음의 가능성은 항상 열려 있습니다

잠언 27장 1절에, "너는 내일 일을 자랑하지 말라 하루 동안에 무슨 일이 일어날는지 네가 알 수 없음이니라"고 했습니다. 통계에 의하면 죽는 사람의 약 절반 정도가 갑자기 당하는 죽음이라고 합니다. 천재지변이나 교통사고, 강도, 전쟁, 심장마비 등 모두 예기치 못했던 갑작스런 죽음이었기 때문에 회개하거나 다시 돌이킬 수 있는 기회도 없이 죽어서 아무런 준비 없이 하나님을 대면한다는 것입니다. 실제로 공동묘지나 납골당에 가 보면 자기 수를 다 누리지 못하고 젊은 나이에 사고나 병으로 죽은 사람이 정말 많다는 것을 발견하게 됩니다.

저는 늘 '이 설교가 내 생애의 마지막일 수 있다'는 생각을 가지고 설교에 임합니다. 뿐만 아니라 이 설교를 그의 생애 마지막 설교로 듣게 될 성도들이 있을 수 있다는 생각도 동시에 가지고 있습니다. 언제 어디서 어떻게 하나님이 우리를 부르실지 알 수 없는 상태로 우리는 하루하루를 살고 있습니다. 죽음의 가능성은 누구에게나 언제나 열려 있다는 것을 기억하십시오.

3. 천국의 시민권을 확보하라

죽음을 준비하는 가장 확실한 문제는 천국의 시민권을 확보해 놓는 것입니다. 천국의 시민권을 확보하는 것은 예수님을 나의 구주로 영접하는 것을 말합니다. 누구든지 진심으로 예수님을 나의 구세주로 영접하면 구원을 얻습니다.

마태복음 20장에 포도원 품꾼의 이야기가 나옵니다. 이른 아침에 포도원에 들어온 사람도 있고, 정오(제6시), 오후 3시(제9시), 심지어오후 5시(제11시)에 포도원에 들어와서 일한 사람도 있습니다. 그런데 이 모든 사람이 모두 다 똑같이 한 데나리온씩 받았습니다. 이 이야기를 경제적인 논리로 풀면 분명히 잘못된 해석입니다. 예수님께서 비즈니스를 할 때 이렇게 하라고 주신 말씀이 아닙니다. 그렇게 했다가는 아마 머지않은 날 "예수님의 방식대로 사업을 했다가 망했다"라고 할 사람이 나올 것입니다.

여기 이 포도원은 천국을 상징합니다. 어떤 사람은 이른 아침에 포도원에 들어왔습니다. 저같이 모태 신앙을 가진 사람들입니다. 반면에 어떤 사람은 황혼 늦은 시간에 포도원에 들어왔습니다. 언제 들어왔는지 그것이 문제가 아닙니다. 중요한 것은 "너도 포도원에 들어가라"는 주인의 부름을 받고 포도원에 들어오기만 하면 다 한 데나리온씩 받는다는 것입니다. 이 한 데나리온은 천국의 시민권을 말합니다. 누구든지 또 언제든지 예수님을 믿기만 하면 천국에 들어갈 수 있습니다. 어차피 구원은 인간의 공로와 어떤 행위로 얻어지는 것이 아닙니다. 하나님께서 우리를 불쌍히 여기시는 그 사랑으로 거저 주시는 하나님의 은혜입니다.

"너희는 그 은혜에 의하여 믿음으로 말미암아 구원을 받았으니 이것은 너희에게서 난 것이 아니요 하나님의 선물이라 행위에서 난 것이 아니니 이는 누구든지 자랑하지 못하게 함이라"(엡 2:8-9)라고 했습니다. 그렇기 때문에 예수님을 구주로 영접한 사람들에게 있어서 죽음은 천국으로 들어가는 관문에 불과합니다.

다른 나라에 여행할 때 늘 경험하는 일이지만, 비행기에서 내리면 입국심사대(Immigration)를 통과해야 됩니다. 이때 무엇이 필요한가요? 입국 비자입니다. 비자만 있으면 문제없이 당당하게 들어갈 수 있습니다. 천국에 들어갈 때도 마찬가지입니다. 천국 입국 비자만 있으면 됩니다. 그것이 뭔가요? 예수님을 믿는 믿음입니다. 믿는 사람은 성령께서 스탬프를 쾅하고 찍어 주십니다. 그것을 가리켜 성령의 인(印)치심이라 부릅니다(엡 1:13).

4. 천국에 보화를 쌓는 사람이 되어야 합니다

죽을 때 입는 수의에는 주머니가 없다고 합니다. 하나님이 부르실 때 우리는 모든 소유를 버려두고 가야 합니다. 그래서 예수님은 "너희의 보화를 세상에 쌓지 말고 도적이 없고 좀이 슬지 않는 하늘에 쌓으라"고 말씀하셨습니다. 그러므로 세상에 있을 때 예수님의 이름으로 많이 구제하고, 주의 영광을 위해서 좀더 많이 봉사하고, 선교하는 일에 충성하시기 바랍니다. 진정 남는 것은 주님을 위해 쓰고, 남을 위해 봉사한 것뿐입니다.

세상에 살면서 가장 보람있는 일이 무엇일까요? 제 개인적인 생각으로는 구원의 방주라 할 수 있는 예배당을 세우는 일이라고 생각합니다. 우리 교회가 그동안 이 사역을 잘 감당해서 현재까지 28개국에 91개의 교회를 헌당했습니다. 개교회 중에서 이렇게 많은 교회를 헌당한 교회도 많지 않을 것입니다.

우리 교회 권사님께서 헌당예배에 참석하시고 돌아와서 간증하기를, 당신은 5대 종손 집에 시집을 갔는데 처음에 딸을 낳았답니다. 그러니 얼마나 실망했겠어요? 그리고 얼마 있다가 둘째는 아들을 낳았답니다. 얼마나 좋으셨겠습니까? 그런데 종손 집에 시집가서 아들 낳았을 때보다 중남미에 예배당을 헌당할 때 더 기쁘고 좋았다고 했습니다.

한 번 죽는 것은 정해진 것이요 그 후에는 심판이 있다고 했는데, 주님 앞에 섰을 때 "너는 세상에서 살면서 뭘 했느냐?"라고 물으실 때 "주님, 부족하지만, 저희 가정이 아프리카 어느 나라에, 중남미 어느 나라에, 베트남, 아프리카 산악지대 레소토에 교회를 세웠습니다"라고 고백할 수 있다면, 주님이 얼마나 기뻐하시고 칭찬하시겠습니까? 의의 심판대 앞에 섰을 때 주님 앞에 대답할 말을 준비하시기를 바랍니다.

그림자와 참 형상

율법은 장차 올 좋은 일의 그림자일 뿐이요 참 형상이 아니므로 해마다 늘 드리는 같은 제사로는 나아오는 자들을 언제나 온전하게 할 수 없느니라 그렇지 아니하면 섬기는 자들이 단번에 정결하게 되어 다시 죄를 깨닫는 일이 없으리니 어찌 제사 드리는 일을 그치지 아니하였으리요 그러나 이 제사들에는 해마다 죄를 기억하게 하는 것이 있나니 이는 황소와 염소의 피가 능히 죄를 없이 하지 못함이라 그러므로 주께서 세상에 임하실 때에 이르시되 하나님이 제사와 예물을 원하지 아니하시고 오직 나를 위하여 한 몸을 예비하셨도다 번제와 속죄제는 기뻐하지 아니하시나니 이에 내가 말하기를 하나님이여 보시옵소서 두루마리 책에 나를 가리켜 기록된 것과 같이 하나님의 뜻을 행하러 왔나이다 하셨느니라 위에 말씀하시기를 주께서는 제사와 예물과 번제와 속죄제는 원하지도 아니하고 기뻐하지도 아니하신다 하셨고 (이는 다 율법을 따라 드리는 것이라) 그 후에 말씀하시기를 보시옵소서 내가 하나님의 뜻을 행하러 왔나이다 하셨으니 그 첫째 것을 폐하심은 둘째 것을 세우려 하심이라 이 뜻을 따라 예수 그리스도의 몸을 단번에 드리심으로 말미암아 우리가 거룩함을 얻었노라 제사장마다 매일 서서 섬기며 자주 같은 제사를 드리되 이 제사는 언제나 죄를 없게 하지 못하거니와 오직 그리스도는 죄를 위하여 한 영원한 제사를 드리시고 하나님 우편에 앉으사 그 후에 자기 원수들을 자기 발등상이 되게 하실 때까지 기다리시나니 그가 거룩하게 된 자

들을 한 번의 제사로 영원히 온전하게 하셨느니라 또한 성령이 우리에게 증언하시되 주께서 이르시되 그날 후로는 그들과 맺을 언약이 이것이라 하시고 내 법을 그들의 마음에 두고 그들의 생각에 기록하리라 하신 후에 또 그들의 죄와 그들의 불법을 내가 다시 기억하지 아니하리라 하셨으니 이것들을 사하셨은즉 다시 죄를 위하여 제사 드릴 것이 없느니라 (히 10:1-18)

이성계가 위화도에서 회군하면서 무력으로 정권을 탈취하고 조선을 세웠지만, 민심을 수습할 수는 없었습니다. 그래서 이성계가 무학대사(無學大寺)를 찾아갔답니다. 무학대사가 이성계에게 민심(民心)을 수습하기 위해서 가르쳐 준 것이, 돌아가신 조상들에게 상을 차려드리는 제사제도였다고 합니다. 물론 이것은 중국의 유교(儒教)에서 수입한 것입니다. 그래서 조선은 유교를 국시로 삼고 제사제도를 만들게 되었는데, 제사를 드릴 때 삼실(三實)이라고 해서 반드시 세 가지 과일을 꼭 제사상에 올려야 했습니다.

그 세 가지 과일이 무엇인지 아십니까? 대추, 밤, 감입니다. 왜 그 많은 과일 가운데 이 세 가지 과일을 제사상에 꼭 올리라고 했을까요? 대추는 씨앗이 하나이기 때문에 왕은 한 분밖에 없다는 것을 의미하고, 밤은 씨가 세 개인데 세 정승을 의미하며, 감은 씨가 여섯 개인데, 이는 6조 판서를 상징했습니다. 결국 이 삼실(三實)은 왕을 정점으로 해서 3정승과 6조 판서가 왕을 잘 보필하도록 되어 있습니다. 이것이 토착화되어서 우리 민족의 전통처럼 되어 있습니다만, 알고 보면 순수한 효심을 이용한 이성계의 정치적 술수가 숨어 있었습니다. 그래서 대원군 때 기독교가 들어오면서 이 제사제도를 거부하니까 마치 국본을 흔들어대는 쿠데타라도 일어난 것처럼 예민하게 반응했고, 무수한 그리스도인들을 칼로 쳐 죽였습니다.

우리 민족은 옛날부터 제사를 드려왔던 백성이라 그런지, 구약성경에 나오는 제사제도에 대하여 필요 이상으로 민감하게 반응을 했습니다. 모세오경인 창세기, 출애굽기, 레위기, 민수기, 신명기의 핵심은 제사입니다. 그 증거는, 출애굽기 20장 이후에 나오는 시내산 율법의 대부분은 성막에 대한 규례이고, 레위기는 성경 한 권 전체가 제사법에 관해서 기록되어 있습니다.

5대 제사가 무엇입니까?

① 번제 - 양이나 소를 완전히 다 태워서 드리는 제사

② 소제 - 곡식과 그 기름으로 드리는 감사제

③ 화목제 - 제물의 일부만 태워드리고 나머지는 제사를 드린 사람이 가져가서 가족들과 함께 나누어 먹으며 교제하는 제사라고 해서 친교제라고도 함.

④ 속죄제 - 지은 죄를 속하기 위해서 드리는 제사

⑤ 속건제 - 죄 사함을 받고 피해자에게 보상하기 위하여 드리는 제사

율법의 핵심이 제사법이라고 할 만큼 중요한 것은 사실이지만, 이것은 참된 것이 나오기 이전까지만 의미를 지녔던 하나의 그림자였습니다.

오늘 본문은 구약의 제사장들이 드렸던 제사와 예수님이 드리신 영원한 제사를 아주 분명하게 대비해 놓고 있습니다.

1. 구약시대 제사장들이 드렸던 제사

1) 그림자요, 참 형상이 아닙니다(1절).

그것은 어떤 상징적인 의미를 지녔던 것이지, 그것이 본체가 아니었다는 말입니다. 그림자와 참 형상을 구분할 수 있는 사람이 되어야 합니다.

전에 섬기던 교회에서 집사님 한 분이 명품가게를 오픈하셔서 개업예배를 드렸습니다. 예배를 마치고 제가 분위기를 편안하게 하기 위해서 농담을 한마디 건넸습니다. "내가 총각일 때, 아무도 나에게 관심이 없었을 때 내 아내는 벌써 내가 명품인 것을 알아보고 남편으로 택한 것을 보면 내 아내는 눈썰미가 있는 사람입니다"라고 자랑했습니다. 그랬더니 이분이 대뜸 "목사님, 혹시 짝퉁 아니었어요? 우리는 명품만 다루지 짝퉁은 취급하지 않아요!"라고 하는 것이었습니다.

제가 이런 말 듣고 가만히 있을 사람이 아니죠? 제가 뭐라고 했겠습니까?

제 못생긴 얼굴을 손바닥으로 가리키면서,

"집사님, 짝퉁이 이렇게 생긴 것 봤어요? 짝퉁은 명품만 있지 이렇게 생긴 짝퉁은 없습니다. 저는 명품도 아니고 짝퉁도 아니고 진품입니다."

구약의 제사가 그림자요, 참 형상이 아니라는 말은 비슷하지만 진품이 아니라는 말입니다.

2) 매일같이 늘 드리는 반복적인 제사입니다(2절).

일 년 동안 무조건 의무적으로 잡아 드려야 하는 짐승의 수가 수송아지 113마리, 숫양 37마리, 1년 된 숫양 1,093마리, 숫염소 30마리 총 1,273마리라고 했습니다. 무수하게 반복적으로 드렸다는 말 자체가 그것이 온전한 것이 아니었다는 것을 스스로 증명하는 것 아니겠습니까? 명의는 침 한 방에 고치는 사람이지, 맨날 똑 같은 자리에 침 놓으면서 내일 다시 오라고 하는 사람은 돌팔이는 아니겠지만 그렇다고 명의는 분명히 아닙니다.

3) 죄를 생각나게 하는 제사입니다(3절).

근본적으로 죄의 문제를 해결해 주는 것이 아니라 죄를 생각만 나게 하는 것이 구약의 제사입니다. 생각해 보니 또 죄인입니다. 그래서 반복적으로 제사를 드릴 수밖에 없었습니다. 구약의 제사는 죄를 생각나게 하는 것이지, 죄의 문제를 근본적으로 해결하는 것은 아니었습니다. 왜 죄를 해결하지 못하고 생각만 나게 합니까? "이는 황소와 염소의 피가 능히 죄를 없이 하지 못함이라"(4절)고 했습니다.

4) 하나님이 기뻐하시지 않는 제사였습니다(5-8절).

본문 5-8절은 시편 40편 6절을 인용하면서 하나님이 이러한 제사를 근본적으로 원치 아니하셨다고 했습니다.

5절, 하나님이 제사와 예물을 원하지 아니하시고,

6절, 번제와 속죄제는 기뻐하지 아니하시나니,

8절, 주께서는 제사와 예물과 번제와 속죄제는 원하지도 아니하고 기뻐하지도 아니하신다.

사실은 숫양의 피와 그 기름으로 드렸던 제사를 하나님이 기뻐하지 않으셨다는 기록이 구약성경에도 많이 있습니다.

① 사무엘상 15장 22절, "사무엘이 이르되 여호와께서 번제와 다른 제사를 그의 목소리를 청종하는 것을 좋아하심 같이 좋아하시겠나이까 순종이 제사보다 낫고 듣는 것이 숫양의 기름보다 나으니"

② 시편 51편 16-17절, "주께서는 제사를 기뻐하지 아니하시나니 그렇지 아니하면 내가 드렸을 것이라 주는 번제를 기뻐하지 아니하시나이다 하나님께서 구하시는 제사는 상한 심령이라 하나님이여 상하고 통회하는 마음을 주께서 멸시하지 아니하시리이다"

③ 호세아 6장 6절, "나는 인애를 원하고 제사를 원하지 아니하며 번제보다 하나님을 아는 것을 원하노라"

④ 이사야 1장 11-14절, 너무 유명한 구절이죠. "여호와께서 말씀하시되 너희의 무수한 제물이 내게 무엇이 유익하뇨 나는 숫양의 번제와 살진 짐승의 기름에 배불렀고 나는 수송아지나 어린 양이나 숫염소의 피를 기뻐하지 아니하노라 너희가 내 앞에 보이러 오니 이것을 누가 너희에게 요구하였느냐 내 마당만 밟을 뿐이니라 헛된 제물을 다시 가져오지 말라 분향은 내가 가증히 여기는 바요 월삭과 안식일과 대회로 모이는 것도 그러하니 성회와 아울러

악을 행하는 것을 내가 견디지 못하겠노라 내 마음이 너희의 월삭과 정한 절기를 싫어하나니 그것이 내게 무거운 짐이라 내가 지기에 곤비하였느니라"

⑤ 구약의 '황금률'이라는 미가서 6장 6-8절, "내가 무엇을 가지고 여호와 앞에 나아가며 높으신 하나님께 경배할까 내가 번제물로 일년 된 송아지를 가지고 그 앞에 나아갈까 여호와께서 천천의 숫양이나 만만의 강물 같은 기름을 기뻐하실까 내 허물을 위하여 내 맏아들을, 내 영혼의 죄로 말미암아 내 몸의 열매를 드릴까 사람아 주께서 선한 것이 무엇임을 네게 보이셨나니 여호와께서 네게 구하시는 것은 오직 정의를 행하며 인자를 사랑하며 겸손하게 네 하나님과 함께 행하는 것이 아니냐"

구약의 제사 그 자체를 하나님이 근본적으로 기뻐하시지 않았고 그것이 참된 것도 아니었습니다. 그것은 예수 그리스도를 통해서 드리는 영원하고도 참된 제사의 한 그림자, 비유에 불과했습니다.

2. 예수님이 드리신 영원한 제사

그러면 이제 예수 그리스도께서 드린 영원한 제사는 어떠한 제사일까요?

1) 단번에 드리는 제사입니다(10절).

구약의 제사처럼 무수하게 반복적으로 드리는 제사가 아니라 한 번 드리면 그것으로 영원히 족한 제사입니다. 참된 제사는 우리의 죄의 문제를 완전히 해결했기 때문에 더 이상 반복적인 제사를 드릴 필요가 없습니다. 주께서 십자가에 달리심으로 죄의 문제가 완전히 해결되었습니다.

성금요일에 외신을 보면 대표적인 가톨릭 국가인 필리핀이나 남미의 여러 나라에서 실제로 한 사람이 십자가를 지고, 거리를 행진하면서 채찍질하고 심지어는 실제로 못을 박기도 합니다. 그렇게 하는 것이 십자가에 동참하는 것이라고 생각합니다.

그런데 예수님이 그렇게 하는 것을 원하시겠습니까? "내가 얼마나 아팠는지 너희도 한번 해 봐라" 하시겠습니까? 쓸데없는 고생을 하고 있지만 주님이 전혀 원하는 것이 아닙니다. 주님이 십자가에 달리시사 희생 제물이 되셨기 때문에 주님의 피 공로를 의지하기만 하면 죄의 문제가 완전히 해결이 되기 때문에 더 이상 전혀 제사를 드릴 필요가 없게 되었습니다.

2) 하나님의 우편에 앉으셨습니다(11-12절).

11절과 12절을 보면, 제사장은 언제나 서서 하나님께 제사를 드려야만 했습니다. 그러나 예수님은 하나님 보좌 우편에 앉아 계십니다. 서 있는 제사장과 앉아 계시는 예수님을 대비해 놓고 있습니다. 제사장이 서 있다는 말은 제사를 드리는 사람이라는 뜻이요, 예수님이 하나님 보좌 우편에 앉아 계신다는 말은 이 제사를 받으시는 분이라는 뜻입니다. 여기서 신약의 예배 개념이 나왔습니다.

예배는 제사같이 자기의 죄를 속죄하기 위해서 드리는 것이 아닙니다. 예배는 예수 그리스도가 우리의 왕이심을 고백하는 것입니다. 예배를 영어로 'Worship'이라고 하죠? 'Worth(가치) + ship', 하나님께 최상의 가치를 드리는 것입니다. "오 주님, 주님만이 영광과 찬양을 받으시기에 합당하신 분입니다"라고 고백하는 것이 예배입니다. 예배의 주인은 하나님 보좌 우편에 앉아 계시는 예수님입니다.

이런 의미에서 젊은이들이 드리는 예배는 있을 수 있지만, 젊은이를 위한 예배는 있을 수 없습니다. 어린이들이 드리는 예배는 얼마든지 있을 수 있지만, 어린이들을 위한 예배는 신학적으로 잘못된 말입니다.

교회에서 목사가 주례를 맡았을 때 결혼예식이란 말이 맞습니까? 결혼예배가 맞습니까? 가톨릭에서는 혼배성사라고 해서 그것을 예배라고 인정합니다. 칠성례 중의 하나입니다. 그런데 우리 개신교회에서 그것을 예배라고 하지 않습니다. 표준 예식서에도 보면 결혼예식이라고 되어 있지, 결혼예배라고 되어 있지 않습니다.

우리는 왜 예배와 예식이라는 말을 구분해서 사용해야 합니까? 어떤 경우에도 예배가 인간을 대상으로 하는 일이 없도록 하기 위해서입니다. 분명히 결혼식은 주인공이 신랑과 신부입니다. 사람들은 이 두 사람을 축하하기 위해서 왔습니다. 이 두 사람을 위해서 축하하는 노래도 불러줍니다. 어떤 경우에는 두 사람이 자라왔던 과정들을 사진으로 보여주기도 합니다. 물론 예수님이 그 자리에 오셔서 이 두 사람을 짝지어 주시고 축복해 주십니다. 그러나 적어도 이 순간은 예수님을 예배하는 것은 아닙니다. 그러니까 예배라는 말을 사용하면 안 됩니다.

담임목사 위임식이나 목사 안수식은 어떻습니까? 이것도 예배가 아니라 예식입니다. 표준 예식서에도 목사안수예식이라고 분명히 되어 있습니다. 우리 개혁교회는 예배의 주인은 반드시 예수님이시고, 오직 예수님에게만 영광을 돌려야 합니다.

재택예배라는 말 들어 보셨습니까? 집에서 텔레비전으로 예배를 드리는 것입니다. 헌금은 온라인으로, 성찬식은 택배로 받아서 거실에서 마시고, 방에 앉아서 설교를 듣는 것을 예배로 생각하는 것은 완전히 잘못된 것입니다. 예배는 교회의 머리이신 주님 앞에 나아가는 것으로부터 시작됩니다. 예배는 우리의 죄를 대속하신 예수님의 은혜를 깨닫고 그분을 높이며, 그분을 영화롭게 하기 위해서 주님 앞에 나아가는 것입니다. 보좌에 앉아 계시는 주님 앞에 나아가 최고의 정성과 가장 가치있는 것을 드리는 것이 예배입니다.

3) 온전하게 하는 제사입니다(14절).

"한 번의 제사로 영원히 온전하게 하셨느니라"(14절)고 했습니다. 구약의 제사는 죄를 생각만 나게 하는 제사라고 했습니다. 그러나 예수님이 드리신 이 온전한 제사는 우리의 모든 죄, 과거와 현재와 미래의 죄까지 다 대속할 수 있는 완전한 속죄의 제사입니다.

예수 그리스도 안에서 우리의 모든 죄는 완전히 해결되었습니다. 미진한 것이 조금도 없습니다. 예수님이 당신의 몸을 찢어서 드린 단 한 번의 제사로 그분을 부르고 고백하는 모든 사람의 죄가 완전히 해결되었습니다.

본문 16-18절은 예레미야 31장 33-34절을 인용한 것인데, 본문은 그것을 성령의 증언이라고 해석했습니다(15절).

> "또 그들의 죄와 그들의 불법을 내가 다시 기억하지 아니하리라 하셨으니 이것들을 사하셨은즉 다시 죄를 위하여 제사드릴 것이 없느니라"(17-18절).

죄의 문제는 이제 예수님의 십자가 아래서 완전히 해결되었습니다. 이제 우리는 구속의 벅찬 감격을 가지고 거룩하신 주님을 예배하는 것만 남아 있습니다. 이 구속의 감격을 회복하고, 주님이 주시는 신령한 기쁨을 마음껏 누리시기를 바랍니다.

무엇이 그림자이고 무엇이 참 형상인지를 분명히 알고, 구속의 뜨거운 감격을 가지고 하나님을 찬양하며 예배하는 복된 성도들이 되시기를 바랍니다.

그날이 가까움을 볼수록 더욱 해야 할 일

그러므로 형제들아 우리가 예수의 피를 힘입어 성소에 들어갈 담력을 얻었나니 그 길은 우리를 위하여 휘장 가운데로 열어 놓으신 새로운 살 길이요 휘장은 곧 그의 육체니라 또 하나님의 집 다스리는 큰 제사장이 계시매 우리가 마음에 뿌림을 받아 악한 양심으로부터 벗어나고 몸은 맑은 물로 씻음을 받았으니 참 마음과 온전한 믿음으로 하나님께 나아가자 또 약속하신 이는 미쁘시니 우리가 믿는 도리의 소망을 움직이지 말며 굳게 잡고 서로 돌아보아 사랑과 선행을 격려하며 모이기를 폐하는 어떤 사람들의 습관과 같이 하지 말고 오직 권하여 그날이 가까움을 볼수록 더욱 그리하자 (히 10:19-25)

최근 우리나라 경주와 울산에 진도 5.0이 넘는 지진이 있었습니다. 이제는 우리나라도 지진 안전지대가 아니라고 합니다. 그런데 이상한 것은 사람들은 지진을 예측할 수 없는데, 짐승들이나 곤충, 물고기들은 지진이 일어나는 것을 감지하는 것 같습니다. 그래서 늘 지진의 전조현상들이 나타나는데, 예를 들면 2016년 경주 지진이 일어나기 약 10일 전에 울산 태화강의 숭어떼 수만 마리가 줄지어 이동하는 것이 목격되었고, 사진도 찍혔습니다. 2008년 중국 쓰촨(四川)성의 대지진이 일어나기 3일 전부터, 두꺼비 수십만 마리가 떼를 지어 이동했다고 합니다. 도로를 새까맣게 뒤덮은 두꺼비 떼를 본 마을 주민들은 무슨 자연재해가 일어날 조짐이라고 했지만, 현지 임업부 공무원들은 "산란과 부화를 위해 이동하는 것"이라며 대수롭지 않게 여겼다고 합니다. 그런데 3일 후에 엄청난 지진이 발생해서 순식간에 약 9만 명이 죽거나 실종되었고, 중상자가 37만 명이나 되었습니다. 저는 이런 기사를 읽으면서, 수십만의 두꺼비 떼가 이동하는 것을 보고 좀더 진지하게 생각하고 대비를 했으면 그렇게 많은 사람이 죽지 않았을 텐데 하는 아쉬움이 많이 남았습니다.

노아가 산꼭대기에서 방주를 만들고 있다는 소문이 사람들에게 전해졌을 것입니다. 그러나 누구도 노아가 방주를 짓고 있는 것을 진지하게 생각한 사람은 없었습니다. 그것을 심판의 전조현상이라고 생각한 사람이 아무도 없었습니다. 그래서 여전히 세상에 취해서 시집가고 장가가고, 쾌락과 죄악에 빠져들어 갔습니다. 그러다 어느 날 하늘 문이 열렸고, 40일 동안 쏟아진 비로 온 세상은 물의 심판을 받았습니다.

다니엘서는 신약의 계시록과 같이 해석하기 아주 어려운 책 중의 하나입니다. 다니엘 9장 24절에, "네 백성과 네 거룩한 성을 위하여 일흔 이레를 기한으로 정하였나니…"라고 했습니다. 기한이 이미 정해졌고, 그 기한이 70이레라고 했습니다. 한 이레가 7년이니까 70

이레면 490년입니다. 그러면 언제를 기점으로 70이레입니까?

그 다음절인 다니엘 9장 25절을 보면, "예루살렘을 중건하라는 영이 날 때부터 기름 부음을 받은 자 곧 왕이 일어나기까지"라고 했습니다. 언제가 기준입니까? "예루살렘을 중건하라는 칙령이 발표되는 날"입니다. 에스라 1장 1절에 고레스가 페르시아 제국을 세운 원년에 하나님께서 예레미야 입으로 하신 말씀을 응하게 하시려고, 고레스 왕의 마음을 감동시키시매 그가 칙령을 발표했습니다. 소위 말하는 '고레스 칙령'입니다.

> "하늘의 하나님 여호와께서 세상 모든 나라를 내게 주셨고 나에게 명령하사 유다 예루살렘에 성전을 건축하라 하셨나니 이스라엘의 하나님은 참 신이시라 너희 중에 그의 백성 된 자는 다 유다 예루살렘으로 올라가서 이스라엘의 하나님 여호와의 성전을 건축하라 그는 예루살렘에 계신 하나님이시라"(스 1:2-3).

역사적으로 보면 주전 539년 10월 12일, 고레스가 바빌로니아의 벨사살을 죽이고 페르시아 제국을 건설했습니다. 약 보름 후인 10월 29일에 고레스가 승전보를 가지고 바벨론 성에 돌아와서 즉시 이 칙령을 발표했습니다. 그러니까 에스라 1장 1절 사건이 일어난 날은 정확하게 주전 539년 10월 29일입니다.

이때 이스라엘 백성 42,360명(스 2:64)이 포로지에서 예루살렘으로 돌아와서 성전 재건을 시작했습니다. 그런데 불행하게도 사마리아 사람들이 이를 방해하기 시작했고, 결국은 성전 재건이 중단되고 말았습니다.

그러다가 시간이 훌쩍 흘러 느헤미야 2장 1절을 보면, 아닥사스다 왕 20년 니산월에 다시 성전 재건이 시작되었습니다. 이때가 주전 458년이었습니다. 그러니까 고레스의 칙령이 발표되어서 예루살렘으로 귀환하고 예루살렘에서 성전이 실제로 재건되기 시작한 주전 458년을 기준으로 해서 70이레, 즉 490년을 계산하면 A.D. 32년입니다. 예수님 탄생 연대에 대한 약간의 오차가 있는 것을 감안하면, 예수님이 십자가에 달려 돌아가시고 부활하신 연대와 일치하고 있습니다. 결국 이 말은 예수님의 죽으심과 부활 그리고 승천하심으로 역사의 종말이 이미 시작되었음을 의미합니다.

종말이 이미 시작되었다면, 그러면 세상의 끝은 언제입니까? 하나님과 인간의 시간 개념이 다르기 때문에 그날이 언제인지 알 수는 없지만, 어떤 사람이 고무줄을 비유로 들어 세상 마지막 날을 설명했습니다. 종말이라는 고무줄의 길이는 70이레로 정해져 있습니다. 그런데 이것은 고무줄이기 때문에 그 길이가 얼마든지 늘어날 수 있습니다. 하나님이 이 종말이라는 고무줄을 쭉 잡아당기고 있는데, 그런데 고무줄이라는 것이 한없이 늘어나는 것은 아니죠? 어느 순간에는 툭 하면서 끊어지는 때가 오겠죠? 이때가 세상의 끝이라고 했습니다. 저는 이 고무줄이 예수님 승천하신 후 이미 2,000년이 지나 너무 많이 삭았고, 또 강하게 당겨져서 끊어지기 직전이라는 인상을 강하게 받고 있습니다.

그런 의미에서 우리 본문은 말세를 살아가는 우리에게 주는 의미가 크다고 생각합니다. 그날이 가까움을 볼수록 더욱 해야 할 일이 무엇이겠습니까?

1. 하나님과의 관계: 하늘의 소망을 굳게 잡아야 합니다

"소망을 움직이지 말며 굳게 잡고"(23절)라고 했는데, 하나님의 나라에 대한 소망이 분명해야 마지막 시대에 믿음으로 승리할 수 있습니다. "한 번 죽는 것은 사람에게 정해진 것이요 그 후에는 심판이 있으리니"(히 9:27)라고 했는데, 이것이 변할 수 없는 영원한 진리라면, 소망을 영원한 하늘에 두고 살아야 합니다. 히브리서 11장에 나오는 믿음의 사람들, 그들이 그렇게 놀라운 일들을 할 수 있었던 궁극적인 이유가 무엇입니까? 하늘에 소망을 품었기 때문입니다. 하늘의 소망을 굳게 붙잡아야 마지막 때에 믿음으로 승리할 수 있습니다.

세상은 우리를 어떻게 해서든지 땅의 사람으로 만들려고 유혹하고 있습니다. 그래서 늘 땅의 일만 생각하고, 그저 세상에 집착해서 살게 합니다. '땅, 땅' 그러면서 오직 땅의 일만 생각하며 평생을 살면 반드시 땅을 치고 후회할 날이 오고 말 것입니다. 왜냐하면 우리가 그렇게 믿고 의지했던 땅 그 자체가 흔들리는 영적인 지진이 일어나기 때문입니다. 여러분의 삶의 기초를 흔들리고 있는 이 땅에 두지 마십시오. 영원히 흔들리지 않는 하나님의 나라에 대한 소망을 붙잡으시기 바랍니다.

히브리서 11장에 믿음의 사람들에 대한 말씀이 끝나고, 히브리서 12장 1-2절에서 "이러므로 우리에게 구름 같이 둘러싼 허다한 증인들이 있으니 모든 무거운 것과 얽매이기 쉬운 죄를 벗어 버리고 인내로써 우리 앞에 당한 경주를 하며 믿음의 주요 또 온전하게 하시는 이인 예수를 바라보자"라고 했습니다.

마지막 때에 하늘에 소망을 두고 살려면 우선 얽매이기 쉬운 죄를 벗어 버려야 합니다. 죄를 벗어 버리지 않고는 우리가 끝까지 하늘의 소망을 붙잡을 수 없습니다. 죄의 끝에는 무서운 심판이 기다리고 있지만, 적어도 죄악에 빠져 있는 그 순간에는 굉장한 쾌락이 있습니다. 그래서 그 죄악의 마력(魔力)을 떨쳐버리는 것이 쉽지 않습니다. 그런데 "여기가 좋사오니" 하며 그 웅덩이에 빠져버리면 절대로 하늘을 소망하며 살 수도 없고, 그 나라의 주인공이 될 수도 없고, 무서운 심판을 피할 수도 없습니다.

그리고 우리의 시선이 '믿음의 주요 또 온전하게 하시는 예수님'에게 고정되어야 합니다. 예수님만 바라보아야 합니다. 예수님을 통해서 세상을 새롭게 볼 수 있어야 합니다. 예수님을 통해서 세상을 새롭게 보는 안목, 그것이 영안입니다. 이러한 영안이 활짝 열려지지 않으면 마지막 시대에 믿음으로 살 수 없고 하늘의 소망을 붙잡을 수 없습니다. 다시 오실 그리스도를 기다리는 성도들은 하나님과의 관계에서는 하늘의 소망을 끝까지 굳게 붙잡아야 합니다.

2. 사람과의 관계: 서로를 돌아보아 사랑과 선행으로 격려해야 합니다

우리 주님이 다시 오실 때까지 사람과의 관계에서 해야 할 것이 있다면, 서로를 격려하는 것입니다(24절). 유대인들은 담임교사가 부모들에게 보내는 성적표에 학생들을 격려하는 말을 반드시 쓰도록 법적으로 제도화되어 있다고 합니다. 부족한 점이 있어도 "이 아이는 이것밖에 하지 못합니다"라고 말할 수 없고, "이 아이는 여기까지는 아주 잘합니다. 조금만 더 노력하면 어디까지 할 수 있겠습니다"라고 해야 합니다. 예를 들어 100까지 다 셀 줄 알아야 할 학년의 어린이가 100까지 다 세지 못하면 "이 아이는 2학년인데도 100단위 숫자를 셀 줄 모릅니다"라고 말하면 안 되고, "이 아이는 10단위 숫자는 아주 잘 셉니다. 조금만 더 노력하면 100단위까지 충분히 셀 수 있을 것입니다"라고 적어야 합니다. 단순한 표현의 차이인 것 같지만 이것이 유대인들을 우수한 민족으로 만들어 가고 있습니다.

게리 채프먼(Gary Chapman)의 《사랑의 5가지 언어》라는 책에 이런 글이 있습니다.

"모든 사람의 마음속에는 자동차의 연료 탱크와 같은 감정의 그릇이 있다. 탱크에 연료가 채워져야 먼 길을 갈 수 있는 것처럼, 사람들의 감정이라는 그릇에 가득 채워져야 할 것이 있으니 사랑이다"라고 했습니다. 감정이라는 연료탱크에 반드시 사랑이 채워져야 한다고 하면서, 그 사랑의 다섯 가지 언어가 무엇인가를 이야기하면서 제일 처음으로 꼽은 것이 격려하는 말이라고 했습니다. 격려하는 말이 사랑의 첫 번째 언어입니다. 사람은 격려하는 말을 들으면 놀라운 일들을 얼마든지 할 수 있게 됩니다.

프랑스의 작가 앙드레 지드(André Gide)는 소년 시절에 거짓말도 잘하고 남을 속이는 것도 아주 잘하는 소년이었답니다. 꾀병으로 3주 동안이나 학교에 결석한 적도 있었고, 학교생활이 아주 엉망이었습니다. 그런데 한번은 학교에서 수업시간에 선생님이 학생들에게 시를 낭송하도록 했답니다. 학생들은 그저 평범하게 시를 읽었는데, 이날 지드는 감정을 넣어서 멋지게 시를 낭송했습니다. 이날 선생님이 "넌 아주 훌륭한 작가가 될 소질이 있다"라고 칭찬해 주었는데, 선생님의 이 말 한마디가 그를 위대한 문학가로 만들었다고 했습니다.

이런 이야기는 얼마든지 있죠? 알버트 아인슈타인은 20세기가 낳은 최고의 천재이지만 학교 성적은 형편이 없었습니다. "이 학생은 무슨 공부를 해도 성공할 가능성이 없습니다"라고 할 정도로 공부를 못했답니다. 그러나 아인슈타인의 어머니는 낙심해 있는 아들에게, "아들아, 너는 다른 아이와 다르단다. 네가 다른 아이와 같다면 너는 결코 천재가 될 수 없어!"라고 격려했습니다. 어머니의 이 격려가 그를 천재로 만들어 갔습니다.

독일의 과학자 에코노미 박사에 의하면 사람의 뇌세포가 136억 5천 3백만 개나 되는데, 괴테가 0.4% 사용했고, 아인슈타인이 0.6% 사용했다고 합니다. 만일 1%를 사용하게 된다면, 브리태니커 대영백

과사전을 줄줄이 외울 수 있다고 했습니다. 이것이 사실이라면, 사람의 가능성은 정말 무궁무진합니다. 그러니까 '안 된다'고 부정적인 말을 하지 말고 '할 수 있다'고 자꾸 격려해 주면 놀라운 일이 일어납니다.

경상도 부부가 있었습니다. 모처럼 부부가 같이 나가서 쇼핑을 하는데, 마침 서울에서 놀러온 부부가 있었습니다.

서울댁이 자기 남편에게 말합니다.

"자기야~ 나 가방이 무거운데, 저 망사 핸드백 하나 사줘!!"

그랬더니 그 남편이 "그래, 자기가 사달라는 건 다 사줄게" 하면서 척 사줬습니다. 이 장면을 지켜본 경상도 아내가 너무 부러웠습니다. 자기는 한 번도 남편한테 따뜻한 소리를 못 들어 보고 평생을 살고 있었기 때문입니다. 그래서 다른 사람 보기 민망할 정도로 아양을 떨면서 이렇게 말합니다.

"지도예 가방이 무거워서 그라는데예. 망사 가방 하나 사주이소~."

경상도 남편이 뭐라고 했을 것 같습니까?

"와? 니 팔뚝 뿌사졌나?"

우리 몸에서 가장 외로운 곳이 등이라고 합니다. 등은 다른 사람이 긁어 주고 격려하기 위해 두드려 주어야 할 부분입니다. 우리 주님 다시 오실 날이 멀지 않았는데, 사랑과 선행으로 서로를 격려하시기 바랍니다.

3. 교회생활: 모이기를 더욱 힘써야 합니다

"모이기를 폐하는 어떤 사람들의 습관과 같이 하지 말고 오직 권하여 그날이 가까움을 볼수록 더욱 그리하자"(25절)라고 했습니다. 공동번역성서에는 "그리고 어떤 사람들처럼 같이 모이는 것을 폐지하지 말고 서로 격려해서 자주 모입시다. 더구나 그날이 가까워 오는 것을 아는 이상 더욱 열심히 모이도록 합시다"라고 번역을 했습니다.

사도행전 2장 46절을 보면 초대교회는 날마다 마음을 같이하여 성전에 모이기를 힘썼다고 합니다. 그들은 매일같이 모였습니다. 그래서 그들은 계속해서 성령의 불길이 강렬하게 타올랐습니다. 그런데 이런 초대교회의 열정이 점점 식어들기 시작했습니다. 이미 히브리서가 기록될 당시에도 "그렇게 자주 모일 필요 있느냐?"라고 주장하는 사람들이 있었습니다. 그런데 자주 모이지 않으면 결국은 식게 되어 있습니다.

교회라는 말의 뜻이 무엇입니까? 교회란 히브리어로 '카할'이고, 헬라어로는 '에클레시아'인데, 그 뜻은 "부르심을 받은 자들의 모임"입니다. 에클레시아는 어떤 건물을 말하는 것이 아니고 성도들의 모임, 즉 공동체를 말합니다. 그러니까 교회는 모임을 기본적인 전제로 하고 있습니다.

세상에도 모임이나 공동체가 굉장히 많습니다. 세상의 그 많은 공동체와 교회가 근본적으로 다른 것이 무엇입니까? 예수님께서 말씀하시기를 "두세 사람이 내 이름으로 모인 곳에는 나도 그들 중에 있느니라"(마 18:20)고 하셨습니다. 교회는 예수님을 중심으로 모인 공동체입니다. 우리의 공통분모는 예수님입니다. 우리의 중심에 반드시 예수님이 계셔야 그것이 교회입니다.

교회는 마치 사람의 심장과 같다고 할 수 있습니다. 성도들이 각각 가정과 세상에서 살다가 교회에 와서 그리스도의 피로 능력을 공급받습니다. 그리고 다시 세상에 나가서 소금과 빛 된 사명을 다해야 합니다. 이런 의미에서 성도들이 모이는 것을 '에클레시아'라고 한다면, 흩어져서 그리스도의 증인으로 살아가는 것은 '데클레시아'라고 합니다. 에클레시아와 데클레시아, 즉 모임과 흩어짐의 조화와 균형이 잘 이루어져야 합니다.

우리 기독교는 근본적으로 산 위의 종교가 아니라 산 아래의 종교입니다. 이 말은 세상을 섬기고 세상 속에서 하나님의 뜻을 이루어가는 종교라는 뜻입니다. 우리는 산 아래로 내려가야 하기 때문에 산 위에서 예수님을 만나야 합니다. 우리가 모인 목적은 분명합니다. 흩어지기 위함입니다. 그러나 흩어져서 그리스도의 증인으로 살아가려면 잘 모여야 합니다.

모여야 성령을 받습니다. 초대교회도 120명의 성도들이 마가의 다락방에 모였을 때 오순절 날 임하시는 성령을 받았습니다. 모이는 것을 소홀히 하는 사람은 성령으로 충만할 수 없습니다. 저는 지금까지 주일 예배도 제대로 지키지 않는 교인 가운데 세상에서 소금과 빛 된 사명을 제대로 감당하는 사람을 보지 못했습니다.

역사의 마지막 날이 점점 가까이 오고 있습니다. 그날이 가까움을 볼수록 우리가 더욱 해야 할 일이 무엇입니까?

첫째, 하나님과의 관계에서는 하늘의 소망을 굳게 잡으시기 바랍니다.

둘째, 사람과의 관계에서는 서로를 돌아보아 사랑과 선행으로 격려하시기 바랍니다.

셋째, 교회생활에서는 모이기를 더욱 힘쓰시기 바랍니다. 이렇게 살아서 우리 주님 다시 오실 때 영광 중에 주님을 맞이할 수 있는 믿음의 사람들이 되시기를 바랍니다.

벼랑 끝에 선 사람들

우리가 진리를 아는 지식을 받은 후 짐짓 죄를 범한즉 다시 속죄하는 제사가 없고 오직 무서운 마음으로 심판을 기다리는 것과 대적하는 자를 태울 맹렬한 불만 있으리라 모세의 법을 폐한 자도 두세 증인으로 말미암아 불쌍히 여김을 받지 못하고 죽었거든 하물며 하나님의 아들을 짓밟고 자기를 거룩하게 한 언약의 피를 부정한 것으로 여기고 은혜의 성령을 욕되게 하는 자가 당연히 받을 형벌은 얼마나 더 무겁겠느냐 너희는 생각하라 원수 갚는 것이 내게 있으니 내가 갚으리라 하시고 또다시 주께서 그의 백성을 심판하리라 말씀하신 것을 우리가 아노니 살아 계신 하나님의 손에 빠져 들어가는 것이 무서울진저 전날에 너희가 빛을 받은 후에 고난의 큰 싸움을 견디어 낸 것을 생각하라 혹은 비방과 환난으로써 사람에게 구경거리가 되고 혹은 이런 형편에 있는 자들과 사귀는 자가 되었으니 너희가 갇힌 자를 동정하고 너희 소유를 빼앗기는 것도 기쁘게 당한 것은 더 낫고 영구한 소유가 있는 줄 앎이라 그러므로 너희 담대함을 버리지 말라 이것이 큰 상을 얻게 하느니라 너희에게 인내가 필요함은 너희가 하나님의 뜻을 행한 후에 약속하신 것을 받기 위함이라 잠시 잠깐 후면 오실 이가 오시리니 지체하지 아니하시리라 나의 의인은 믿음으로 말미암아 살리라 또한 뒤로 물러가면 내 마음이 그를 기뻐하지 아니하리라 하셨느니라 우리는 뒤로 물러가 멸망할 자가 아니요 오직 영혼을 구원함에 이르는 믿음을 가진 자니라 (히 10:26-39)

부끄러우면서도 슬픈 제 이야기 하나 말씀드리겠습니다. 군에서 유격훈련 받을 때 빨간 모자를 쓴 조교들의 첫 인상이 아주 기분 나빴어요. 차가운 목소리와 짝 찢어진 눈은 꼭 독사 같이 느껴졌습니다. 저는 지금도 빨간 모자를 쓴 사람에 대한 약간의 트라우마가 있습니다. 유격장에 도착하면 첫날 주방에서 일할 사람을 차출합니다. 주방에서 음식을 준비하는 것이 유격 훈련을 받는 것보다 훨씬 편하기 때문에 많은 사람들이 서로 하겠다고 경쟁이 아주 치열했습니다.

1차 시험은 경력시험인데, 기사식당, 동네 식당에서 일했다는 사람은 아예 없고 웬만하면 신라호텔, 조선호텔에서 일했다고 했습니다. 저는 힐튼호텔 식당에서 3년 근무했다고 거짓말하고 1차 시험을 통과했습니다. 2차 시험은 엉뚱하게 노래시험이었습니다. 자기가 제일 자신 있는 곡 한 소절만 부르라고 했는데, 저는 양희은의 "아침이슬"을 목청 높여 불렀습니다.

♬ 태양은 머리 위에 붉게 타오르고…
한낮에 찌는 더위는 나의 시련일지라…

3차 시험은 칼질 시험이었습니다. 팔뚝만한 무를 하나씩 주고 사방 1cm 깍두기로 자르라고 했습니다. 저는 애석하게 이 3차 시험에서 결국 실력이 들통이 나서 떨어지고 말았습니다. 저는 그날 그들 속에 끼어서 거짓말까지 하면서 조금이라도 쉬운 길을 택해 보겠다는 인간의 애처로운 몸부림, 인생의 비애 같은 것을 느꼈습니다.

평안과 편안은 비슷한 것 같지만 많이 다릅니다. 평안은 주님이 주시는 것이고, 편안은 세상이 주는 것입니다. 주님은 평안을 주시는 분이지, 쉬운 길로 우리를 인도하시는 분은 아닙니다. 수정교회에서 목회하셨던 로버트 슐러(Robert Schuller) 목사님이 이런 고백을 했습니다.

"하나님께서 절벽 끝으로 오라고 하셔서 저는 순종하여 갔습니다. 현기증이 날 정도로 새까맣게 깎아 지른 절벽 끝에 겨우 발을 붙이고 서서, 균형을 잃지 않으려고 애를 쓰고 있었는데, 하나님이 조용히 다가오셔서 갑자기 나를 절벽 아래로 확! 밀어버리셨습니다. 나는 절벽 아래로 곤두박질하고 사정없이 떨어졌습니다. 그런데 나는 그때까지 내가 날 수 있었다는 것을 몰랐습니다. 곤두박질하며 무섭게 떨어지다가 나에게 날개가 있다는 사실을 깨달았습니다. 하나님은 이러한 훈련을 통하여 우리에게 믿음의 날개가 있음을 깨닫게 해주시는 분입니다."

벼랑 끝에서 곤두박질을 당해봐야 나에게 믿음의 날개가 있었다는 것을 발견하게 됩니다. 그리고 그 벼랑 끝에서 믿음의 날개를 활짝 펴야 놀라운 삶의 비상(飛上)을 경험할 수 있습니다.

A.D. 64년에 로마 황제는 네로라는 사람이었습니다. 이 사람이 기독교를 사교(邪敎)로 규정하고 핍박하기 시작했습니다. 그는 예수 믿는 사람들을 잡아들여 죽이기 시작했습니다. 어떤 사람은 산 채로 가죽을 벗겨 죽였고, 어떤 경우에는 톱으로 썰어 죽였습니다. 식인어들이 득실거리는 연못에 예수 믿는 사람들을 차례대로 한 사람씩 던졌

습니다. 던져지자마자 순식간에 몰려든 칠성장어떼 때문에 핏물이 온 연못에 가득 차고, 조금 지나면 뼈만 앙상하게 남았습니다.

히브리서는 이런 박해가 극성을 부리고 있을 바로 그때 A.D. 64-67년경에 기록되었습니다. 오늘 본문에서도 박해를 받았던 흔적을 찾아볼 수 있습니다. 32절에서는 "고난의 큰 싸움"이라 했고, 33절에서는 "비방과 환난을 받고, 사람에게 구경거리가 되었다"라고 했고, 34절에서는 "옥에 갇히고, 재산을 몰수당하기도 했다"라고 합니다. 박해가 너무 심하고 또 그 기간이 길어지다 보니까 배도하는 사람도 있었습니다. 오죽 했으면 주님을 배반하기까지 했겠습니까?

하나님은 결코 우리를 쉬운 길로만 인도하시는 분이 아닙니다. 어떤 때는 환난과 무서운 핍박이 있습니다. 어떤 때는 무서운 질병이 찾아오기도 합니다. 찢어질 듯한 가난이 밀려오기도 합니다. 모든 것을 뿌리째 흔들어대는 영혼의 갈등과 회의가 찾아오기도 합니다. 어떤 때는 감당할 수 없는 유혹이 파도처럼 밀려오기도 합니다.

본문은 벼랑 끝에 선 것 같은 위험과 환난, 핍박 중에 믿음으로 승리하려면 어떻게 해야 하는지 말하고 있습니다.

1. 하나님의 심판을 생각해야 합니다

"하물며 하나님의 아들을 짓밟고 자기를 거룩하게 한 언약의 피를 부정한 것으로 여기고 은혜의 성령을 욕되게 하는 자가 당연히 받을 형벌은 얼마나 더 무겁겠느냐 너희는 생각하라" (29절).

여기서 하나님의 아들(예수님)을 짓밟고, 자기를 거룩하게 한 언약의 피를 부정하고, 성령을 욕되게 하는 것은 핍박을 견디지 못해서 결국 예수님을 부인하고 배도하는 것을 말합니다. 그런데 이렇게 배도한 사람은 어떻게 된다고 했습니까? "당연히 받을 형벌은 얼마나 더 무겁겠느냐", 예수님을 부인하고 배도하면 당연히 받을 형벌이 있습니다. 그런데 "이 형벌이 얼마나 더 무겁겠느냐?"라고 했는데, 무엇보다 더 무겁다는 말입니까? 그가 받았던 핍박보다 더 무겁다는 말입니다. 그 핍박이 너무 힘들어서 배도했는데, 배도를 하면 그가 당했던 핍박보다 훨씬 더 무거운 형벌이 있다는 말입니다. 박해가 올 때, 그것을 피하면 당장은 그 고난을 모면할 수 있겠죠. 그러나 배도를 하면 그것보다 훨씬 더 무거운 하나님의 심판이 영원토록 있습니다. 아무리 핍박이 어렵다 해도 주님을 부인하고 받게 될 지옥의 심판에 비하면 아무것도 아닙니다.

무신론주의 철학자였던 볼테르(Voltaire)는 마지막 숨을 거두면서,"나는 하나님과 사람에게 버림당하였다. 나는 지옥에 가노라"라고 했고, 기독교인들을 많이 잡아 죽였던 프랑스의 찰스(Charles) 9세 황제는 죽으면서 "나는 망하였구나. 분명히 그렇다!"라고 하였고, 무신론자 토마스 스코트(Thomas Scort)는 "이때까지 나는 하나님도 없고, 지옥도 없는 줄 알았더니, 이제는 이 둘이 다 있는 줄 안다. 나는 멸망에 들어간다"라고 했습니다.

우리나라 성철 스님의 이야기는 여러분도 잘 알고 계실 것입니다. 성철 스님의 딸이 불필 스님(본명 필히)인데, 이분이 자기 아버지 성철 스님을 마지막까지 돌봤습니다. 성철 스님이 자기 딸 불필 스님에게 남긴 유언이 무엇입니까?

> 내 죄는 산보다 높고 바다보다 깊은데 내 어찌 감당하랴.
> 내가 80년 동안 포교한 것은 헛것이로다.
> 우리는 구원이 없다.
> 죄 값을 해결할 자가 없기 때문이다.
> 딸 필히와 54년을 단절하고 살았는데 죽을 임종시에 다시 찾게 되었다.
> 필히야, 내가 잘못했다.
> 내 인생을 잘못 선택했다.
> 나는 지옥에 간다.

하나님이 없다고 주장했던 무신론자들, 결국 그들은 죽을 때 스스로 하나님을 인정하고 세상을 떠났습니다. 아무리 환난과 핍박이 심하다 하더라도 그것이 배도한 후에 지옥 불못에 떨어지는 것보다는 고통스럽지 않습니다. 아무리 힘들어도 흔히 하는 말대로 죽기밖에 더하겠습니까? 어차피 한 번 죽는 것은 사람에게 정해진 것입니다. 이렇게 죽으나 저렇게 죽으나 결국 죽는 것은 마찬가지입니다. 그런데 죽음 이후에 하나님의 심판이 있습니다. 여기서 잠시 고난을 당하다 천국에서 영원한 면류관의 주인공이 되시겠습니까? 아니면 여기서 잠시 편하게 살다가 지옥에서 영원한 저주를 받겠습니까? 예수 믿는 믿음 때문에 환난과 핍박이 다가올 때 하나님 앞에 서게 될 심판대를 기억하면 승리할 수 있습니다.

2. 천국을 소망해야 합니다

"너희가 갇힌 자를 동정하고 너희 소유를 빼앗기는 것도 기쁘게 당한 것은 더 낫고 영구한 소유가 있는 줄 앎이라"(34절).

예수님 때문에 옥에도 갇히고, 재산을 몰수당하면서도 그것을 기쁨으로 감당할 수 있는 것은 더 낫고 영구한 소유가 있는 줄 알기 때문입니다.

더 낫고 영구한 소유가 어디에 있습니까? 하나님의 나라, 즉 천국에 있습니다. 비록 이곳에서 예수님 때문에 재산을 몰수당했다 하더라도 천국에 더 낫고 영원한 소유가 있다는 것을 알기 때문에 그 가운데서도 기뻐할 수 있는 것입니다.

두려움은 미지(未知), 즉 알지 못함에서 오는 것입니다. 이런 의미에서 죽음은 인간의 최고 두려움입니다. 왜냐하면 가보지 않은 길이기 때문입니다. 그런데 천국에 대한 분명한 소망을 가진 사람은 이 죽음의 공포를 물리칠 수 있습니다. 천국에 대한 분명한 소망이 있으면 죽음의 공포는 안개처럼 사라지게 되어 있습니다.

칼 바르트(Karl Barth)가 아주 유명한 말을 했습니다.

"메멘토 모리(Memento Mori), 죽음을 생각하라."

"메멘토 도미니(Memento Domini), 주님을 생각하라."

주님을 생각하면 천국이 보이고, 천국이 보여야 이 세상에 속한 모든 것으로부터 자유할 수 있습니다.

토머스 모어(Thomas More; 1478-1535)가 《유토피아》라는 책을 썼습니다. 유토피아(Utopia)는 유+토피아인데, 유는 라틴어로 '없다'는 뜻이고, 토피아는 '장소'입니다. 그러니까 유토피아는 그 말 자체가 '그런 곳은 없다'는 뜻입니다. 토마스 모어는 가상의 섬을 유토피아라고 불렀는데, 실제로 세상에는 그런 섬은 없습니다. 세상에 유토피아는 없습니다.

칼 마르크스를 중심으로 한 공산주의자들은 이 땅에 노동자, 농민의 천국이라는 공산주의 국가를 만들었는데, 결국은 낙원이 온 것이 아니라 오히려 가난과 피의 숙청이 지금까지 계속되고 있습니다. 오늘날에도 수많은 과학자들이 과학 문명이 만드는 낙원을 꿈꾸고 있습니다. 소위 말하는 '테크노피아'(Technopia)입니다. 그러나 아무리 과학이 발달해도 낙원은 이 땅에 이루어지지 않습니다.

저는 그동안 여행해 본 곳 가운데, 뉴질랜드 남섬이 가장 사람의 손때가 묻지 않아 자연스럽고, 평화롭고, 또 아름다운 곳이라고 생각합니다. 어느 분이 저에게 이곳을 소개하면서 '천국의 끝자락'이라고 했습니다. 하나님이 천국을 조금 보여 주신 곳이 뉴질랜드 남섬이라고 했습니다. 그런데 그곳에 사는 분을 만나서 이야기를 들어보니까 고민이 무척 많았습니다. 푸른 초원을 경치만 좋다고 한없이 쳐다보고 가만히 있을 수도 없고, 한국으로 돌아가려고 하니 공해와 소음 때문에 숨이 막혀서 도저히 못 살 것 같고, 그렇다고 한없이 들판만 쳐다보며 양하고 이야기만 하고 있을 수도 없고…. 그래서 잠깐 머물러 있는 유학생을 제외하고는 교민들이 점점 그곳을 떠난다고 했습니다. 천국의 끝자락이라는 뉴질랜드 남섬도 분명히 천국은 아니었습니다. 세상에 낙원은 없습니다.

'미운 우리 새끼'(미우새)라는 프로가 있습니다. 보신 분도 계시겠지만, 주병진 씨 집을 소개하더군요. 상암동에 아파트 2개 층 양쪽으로 4채를 다 사서 펜트하우스로 리모델링을 했습니다. 약 200평 정도 되는 집에서 대, 중, 소라는 개 3마리와 함께 싱글로 살고 있었습니다. 1959년생이니까 금년에 우리 나이로 예순입니다. 그의 집을 방문한 미운 우리 새끼 팀의 박수홍 씨는 그렇게 크고 넓은 집과 100인치짜리 텔레비전을 보고는 주병진 씨가 자기 롤 모델이라고 부러워하며 침을 질질 흘리고 있었습니다.

그런데 주병진 씨가 하는 말이, 자기는 어렸을 때 하도 가난하게 살아서 큰 집에 사는 것이 꿈이었고 지금은 그 꿈을 이루었지만, 막상 살아보니 이것은 다 껍데기라고 했습니다. 이것은 한갓 껍데기라는 말에 거기 있던 모든 출연진들과 이 프로를 시청하는 모든 시청자들이 다 숙연해졌습니다. 그러면서 "만일 내가 내 모든 재산을 다 팔아서 나보다 10년 어린 수홍이 네 나이로 돌아갈 수 있다면, 나는 망설이지 않고 그 나이로 돌아가서 결혼을 하겠다"라고 했습니다. 사람은 사랑하는 사람과 함께 살아야 하기 때문이라고…. 저는 그의 눈빛에서 인생을 잘못 살아온 삶의 회한이 느껴졌습니다.

낙원은 어떤 장소의 개념이 아니라 사랑하는 사람과 함께 있는 곳이 낙원입니다. 우리가 죽어서 가는 천국도 예수님이 거기 계시기 때문에 천국이지, 그곳에 들어가는 대문이 열두 가지 보석으로 되어 있어서 천국이 아닙니다.

예수님을 얼굴과 얼굴로 대면하여 볼 수 있는 곳, 먼저 간 성도들을 다시 만날 수 있는 영원한 하나님의 나라를 소망해야 이 마지막 때에 끝까지 믿음으로 승리할 수 있습니다.

3. 담대해야 합니다

"그러므로 너희 담대함을 버리지 말라 이것이 큰 상을 얻게 하느니라"(35절).

담대해야 합니다. 군인들에게 있어서 가장 중요한 것은 사기입니다. 주님과 함께 하면 어떠한 시련의 바람이 불어와도 승리할 수 있습니다. 지레 겁을 먹지 마십시오. 하나님은 우리를 세상에 고아처럼 버려두시지 않습니다. 보혜사 성령님을 우리를 위해 보내 주심으로 세상 마지막 날까지 우리와 항상 함께하십니다. 갈렙과 여호수아처럼 하나님이 우리와 함께하시면 능치 못할 것이 없다는 적극적이고 긍정적인 믿음을 가지십시오.

여러분이 먼저 포기하면 하나님도 어찌할 수 없습니다. 주님이 나와 함께하신다는 믿음을 가지고 담대하게 나가면 못할 것이 하나도 없습니다. 주님이 우리를 위해 싸우시는데, 누가 우리를 대적할 수 있겠습니까? 그 누구도 여러분을 넘어뜨리지 못합니다. 여러분은 반드시 승리하게 되어 있습니다.

세상의 모든 싸움은 해봐야 압니다. 그래서 길고 짧은 것은 대봐야 안다고 하지 않습니까? 그런데 우리의 이 영적 싸움은 해봐야 아는 게임이 아니라 이미 주께서 이기신 싸움입니다. 예수님께서 뱀의 머리를 밟으시고 이미 승리하셨습니다. 그러니까 자신감을 가지십시오. 음지가 양지 되고, 양지가 음지 될 가능성은 얼마든지 있습니다. 한두 번 실패했다고 너무 기죽지 말아요. 보기 싫어요. 자신감을 가지세요. 그리고 담대하세요. 예수님이 "나도 너는 도저히 어떻게 할 수 없다"라고 포기하시지 않았다면 희망을 가지세요. 할 수 있습니다.

아무리 환난과 핍박이 크다 할지라도 주님은 더 크고 놀라운 힘과 능력을 가지신 분입니다. 그리고 그분이 지금 여기에 우리와 함께 계시고 그분은 영원토록 여러분의 편이십니다. 담대하시기를 바랍니다.

4. 끝까지 인내해야 합니다

"너희에게 인내가 필요함은 너희가 하나님의 뜻을 행한 후에 약속하신 것을 받기 위함이라"(36절).

여기서 인내가 필요하다고 했는데, 조금만 더 참으세요. 가야 할 길이 너무 멀어서 암담하게 느껴집니까? 너무 멀리까지 내다보면서 지레 겁먹지 마시고, Next Step 다음 단계만 보세요. 오늘 하루만 더 참고 견디면 됩니다. "잠시 잠깐 후면 오실 이가 오시리니 지체하지 아니하리시라"(37절)고 했습니다. 고통의 시간이 긴 것 같지만 사실은 그렇지도 않습니다. 잠시 잠깐 후면 우리 주님 예수님이 오셔서 여러분에게 승리의 면류관을 주실 것입니다. 조금만 더 견뎌 보십시오. 좋은 날이 반드시 옵니다. 혹시 이 세상에서 그런 날을 맞이하지 못한다 하더라도 하나님의 나라가 여러분을 위해서 활짝 열려져 있습니다.

지금 벼랑 끝에 서 있다고 느껴지시는 분이 있습니까? 조금만 더 참으면 승리할 수 있습니다. 여러분에게는 믿음의 날개가 있다는 것을 기억하십니까? 믿음의 날개를 활짝 펴십시오. 푸른 창공을 독수리처럼 나는 놀라운 기적을 경험하게 될 것입니다.

이제 히브리서 11장으로 넘어가면 믿음으로 산 사람들의 이야기가 나올 것입니다. 그들은 이 세상에서 편히 살다 간 사람들이 아닙니다. 편하고 쉽게 살 수 있는 길이 얼마든지 있었지만, 믿음을 따라 살면서 환난과 핍박을 당했습니다. 그 길을 피해서 가지 않았습니다. 누군가 벼랑 끝에다 밀어버려서 곤두박질하며 추락하다가 믿음의 날개, 그 놀라운 위력을 발견한 사람들입니다. 여러분에게도 이 믿음의 날개가 있습니다. 이제 이 믿음의 날개를 활짝 펴고 푸른 하늘을 향해 마음껏 날아가십시오.

오리는 자기가 알에서 깨어나자마자 처음으로 본 것이 자기 엄마인 줄 안다고 합니다. 이것을 이용해서 만든 영화가 "아름다운 비행"입니다. 저는 외국으로 가는 비행기 안에서 "아름다운 비행"이라는 이 영화를 봤습니다. 너무 아름답고 너무 감동스런 영화입니다.

우리가 태어나자마자 예수님을 가장 먼저 보고, 예수님을 자기 엄마로 알고, 평생을 예수님만 따르면, 푸른 하늘을 주님과 함께 비행하는 그런 인생이 될 수 있습니다. 여러분의 인생이 주님과 함께 하는 아름다운 비행이 되시기를 바랍니다.

히브리서 강해 설교 1

히브리인들에게 보내는 예수님 이야기

1판 1쇄 인쇄 _ 2018년 3월 23일
1판 1쇄 발행 _ 2018년 3월 30일

지은이 _ 이춘복
펴낸이 _ 이형규
펴낸곳 _ 쿰란출판사

주소 _ 서울특별시 종로구 이화장길6
편집부 _ 745-1007, 745-1301~2, 747-1212, 743-1300
영업부 _ 747-1004, FAX 745-8490
본사평생전화번호 _ 0502-756-1004
홈페이지 _ http://www.qumran.co.kr
E-mail _ qrbooks@gmail.com/qrbooks@daum.net
한글인터넷주소 _ 쿰란, 쿰란출판사
등록 _ 제1-670호(1988.2.27)
책임교열 _ 송은주 · 최진희

ISBN 979-11-6143-138-3 94230
979-11-6143-137-6 (세트)

책값은 뒤표지에 있습니다.